「見えざる」社会

想像力の真価とアダム・スミス

伊藤　哲

八千代出版

はじめに

メジャー選手への「夢」

アメリカ大リーグ野球の世界へ飛び込んでいった日本人投手の入団記者会見の場面で、非常に印象強く残っているコメントが私にはあります。

記者が「これであなたの『夢』が叶ったわけですね」という問いに対して、彼は「僕は『夢』という言葉は好きではないです」という一言がありました。彼の発言の要旨はおおよそ次のようなものだったと思います。彼曰く。夢というのは、叶わないものをいうのであって、その点では夢を持ったことはなかった。僕は自分の目標としていつも大リーグを意識していたのであって、やっとそのスタートラインに立ったということです、と。

「夢」をどのように解釈するかによって、様々な捉え方ができることは皆さん良くご存じのはずです。その投手の場合は、叶わぬ夢としてのそれではなく、叶う夢としてのそれなのです。これではまだ抽象的ですので、彼の意思を汲んで言い換えてみましょう。彼にとっての夢は実現可能な実体としていつも目の前にあったということです。目の前の夢こそ彼の述べるように、「目標」と言い換えることができます。

彼のように私たちも「夢」の再解釈をして、将来的に実現可能な出来事という観点から、次の若者の例を考えてみましょう。例えば、弁護士になろうとする若者がいるとしましょう。子供のころ小学校の文集に将来の夢という欄があるとすれば、そこに「弁護士」と書いたでしょう。中学校に進学するとその若者は「弁護士」になるにはどのような進路を選べばよいか考えるでしょう。高校でもその志を抱き、必要な情報を収集して、必然的に彼は大学受験では法学部を第一志望にするはずです。まだまだ司法試験という難関も待っているのですが。さて、皆さんはここで、この若者の「夢」の実現の可能性が増してきたことに、当然、気づくはずです。実現可能なテリトリーに自ら入り込んでいくことによって、夢は目標へと転換するのです。先のメジャー選手にとっては、野球を始めた瞬間から実現可能な「夢」＝「目標」として意識されていたといえます。付言しておくことがあるとすれば、この野球選手にとっても、弁護士を目指す若者にとっても、その道程での自らの欲望を律する強い気持ちと本人の努力があることは間違いありません。

「形」のないものなどない

私たちは、上記のように自分の将来の「夢」を語ります。あなたはサッカー選手になりたいと思っているかもしれません。また別のあなたはデザイナーになりたいとか、あるいはアーティストになりたいと思っているかもしれません。これらの職業には具体的な実体があります。となれば、私たちが将来なりたい職業を口にするとき、現実にそれは私たちの住んでいる世界の事柄なのです。だとすれば、このような「夢」は私たちが本当に「なりたい」と思い続けるところに、「なってやるんだ」という強い意思を持つことによって、ぐっとその「夢」は現実味を帯びた「目標」として手近なものへ変貌していきます。

これを私たちの生活の部面へ目を転じてみましょう。これまでお話ししてきたように言葉としては抽象的ですが、実際には私たちがよく知っているもので、いつも私たちが体験しているものを考えてみてください。例えば、「感謝」という言葉はどうでしょうか。私たちは「感謝」の気持ちを持ちなさい、と良くいわれるではありませんか。

あなたの体調が悪くなったとしましょう。そのとき、あるご婦人が「あなた、大丈夫？」と声を掛けてきた。その後、その人が自分の席を勧めてくれたとしましょう。気分の悪いあなたは、その人にまずは「感謝」の気持ちを持つでしょう。そして「有り難うございます」と席を譲ってくれた人にお礼を述べるはずです。まず、そのご婦人はあなたを観察していたことになります。あなたの顔色から、あなたが具合が悪そうなことを見て取ったのです。「ああ、この子は気分がすぐれないのかな」という心配がその人をそのような行動に駆り立てたのです。あなたの優れない体調は紛れもなく現実に起こり、その表情が見ている人の心に「心配」という気持ちを起こしたからこその行動です。あなたは彼女の申し出を受けたという事実がここにあります。だからこそ、あなたはその人の優しい心遣いが身に沁みて、自分の気持ちを現すために感謝の言葉を伝えたのです。

私たちは自分の思ったこと、感じたことを相手に伝えるために言語を操ったり、態度に現したりするのです。一方で、相手の態度・行為を見て、あるいはその雰囲気から何かを感じて、言葉を掛けたり、リアクションを起こします。そのようなことが皆さんに了解されていれば、「愛」、「友情」、「勇気」、「恐怖」、「孤独」等々という言葉を聞いたとき、それぞれの状況・情景を思い浮かべてみることも容易なはずです。あなたの頭に、心に、体験にそのような具体的なあるもの＝現実の生活の中に実在するものがどれだけあるかによって、また、これまでの環境によってもリアルにそれを感じるか、朧げながら感じるかの別はあるとしても、ある程度の具体性＝「形」・「映像」をもってあなたへ訴えかけてくるはずです。

社会という「形」とは

社会という言葉で、あなたは何を思い浮かべますか。共同体、集団、さらには組織体をも社会というカテゴリーに入れる方もいるはずです。もしかすると、それに対して考えもしたことがない、という方もいらっしゃるでしょう。

社会を定義するにあたり、通常、「共同生活を営む人々の集団」、あるいは「ある特定の仲間意識を持つ集団」などとおおよその辞典には載っているかと思われます。そのようにいわれても「シックリこない」人もいるのではないでしょうか。それは、なぜかというと、社会の中に私たち自身がすでに取り込まれているからだといえます。今、自分はこの高度情報通信社会に、少子高齢化社会に住んでいるんだという自覚を持った方が果たしてどれだけいらっしゃるでしょうか。たぶん、自分の暮らしぶりのことで、自分と家族のことで手一杯で、そこまで意識したことはないとおっしゃるかもしれません。しかし、社会は現実に存在し、その社会の成員として私たちは生活していることは疑うべくもない事実なのです。あなたが、私が、「社会の成員」であるという事実。その一方で、自己チュウ（自己中心主義）という個の存在が多いという現実。この事実と現実の乖離に注目することからも、社会は抽象的存在なのか、あるいは具体的な存在なのかという個人の認識の問題も涌き出てくるところです。

それは社会と個人（人間）という枠組みの議論としても提示できます。

　さて、ここでは最初にメジャーを目指すスポーツ選手に触れた手前、もう少しベースボールに深入りをしつつ、社会と人間を考える足掛かりを提示したいと思います。

　野球は一チーム何人ですかという問いに、すぐに九人という答えが返ってきます。でも、次のようなことが起こると果たして野球は成立するのでしょうか。ある人物が「俺がピッチャーをやる」と口火を切りました。すると、もう一人も「ピッチャーなら俺がやる」と。また一方で、「ショートは任せておけ」と別の人物がいえば、他の人間が「俺こそショートに適任である」というように同一ポジションを巡っての言い争いが始まることも十分に私たちは想像できるところです。この状態は、「社会」の形態をとっているかというと全くもってとっていません。これでは、対戦相手がいたとしても決して試合ができるわけがありません。

チームになるには

　スポーツを多少なりともやったことのある人なら、すぐに「適性を見てみればいいのではないですか」と提案されると思います。私もそれに賛成です。非常に理性的で冷静な判断であると思います。しかし、この九人だけで本当にそのような試みができるのか少々疑問です。ここですぐさま、社会契約論よろしく、第三者的立場の人を置くことを主張する方も出てくるでしょう。また、一方で、道徳感覚学派の流れを汲む系譜の中での「同感の原理」を説く方もいるかもしれません。否々、上述のいい方では戸惑って思考停止に落ちる方もいらっしゃると感じますので、次のように話を具体化してみましょう。

まず前者において、九人の自己主張が強く、一向にポジション争いに決着がつかない場合、監督なりコーチ、すなわち彼ら選手たちを統括する人を置けばいいということになり、監督とコーチが九人のそれぞれの適性を見極めていくという手があります。他方、後者においては、上記に「同感の原理」というキーワードを先走って使ってしまったのですが、おおよそこう考えてください（詳しい話はやはり、後々やっていきます）。九人が各々のポジションを争っている競争相手のピッチングやフィールディングを目の当たりにすることによって、「俺の方がうまい」、「あいつの方が僕より上だ」という判断を個人的にすることにもつながるし、ポジションを変えながら経験する。それは自分の適性の見極めを促しますし、さらに、別のポジションの人々が、第三者的に観察して「ショートはA君よりB君のほうが優れている」という感想を洩らすこともあります。このように自らの主張と他の人々の意見が合うことでポジションを獲得できたり、人との意見が合わず自分の望んでいたポジションとは異なる所へコンバートされることも起こりうるでしょう。そうして、メンバー全員が早く他のチームと対戦したいと思っているのであれば、一刻も早く、チーム内の意見統一を図る努力をお互いにすることになるかもしれません。

さて、あなたはどちらの方法がお好みですか。簡単にチームワークといっても環境によって様々な「形」や「姿」を思い描き、実現するために多くの時間と工夫が必要です。

社会というスタジアム

チームが一先ず完成しました。対戦相手もいます。彼らがプロフェショナルであるとすると、彼らは自らのパフォーマンスを観客に見せることを望みます。私もプロ野球観戦が好きです。でも、素人であれば彼らとともにグラウンドに立つことはできません。あくまでも観客として試合に参加するのです。観客としての私たちは、プロの胸の空くようなスピーディで華麗なプレイを期待し、好プレイには惜しみない拍手を送り、凡ミスには容赦ない罵声を浴びせることもしばしばです。では、彼らプロはどうでしょうか。彼らは野球を生業にしています。したがって、プロの名に恥じない機敏なプレイを心掛けるでしょう。とはいえ、人間のすることですから、予想もしない打球に慌てて、ボールをハンブルすることで、相手に大量点の切っ掛けを与えることもあるでしょう。さらに、走者として塁上にいて、サインの見落としから簡単にアウトになることも実際あるはずです。彼らは見せて当たり前で、あるときはヒーローにもなるし、また別の試合では犯罪者扱いを受けるのです。そのようなパフォーマンスに対する観客の称賛と非難が、プロとしての選手をまた育てる・後押しをすることも私たちはよく知っています。

　野球のグラウンドから離れて、異なったスポーツや異業種分野を考えてみてください。例えば、あなたが料理人であれば日々の職場であるレストラン、あなたが衣料メーカーの販売員であればいつもの売り場の風景を、またあなたが教師であれば教室のざわめきを想起してください。それぞれの現場で私たちはプロとしての肩書の下に仕事をしているはずです。ですから、私たちも野球選手と同様に、ただし広域的知名度という点では劣りますが、実践のスタジアムの中で、食事をしにきたお客様に、ドレスを買いにきた顧客に、教育サービスを求めてきた学生に対して、パフォーマンスをしているのです。私たちが接する人々も私たちの仕事ぶりに目を光らせているのです。本当に美味しいのか、お世辞ではなくドレスは私に合っているのか、講義の内容は分かりやすいのか等々。消費者という観客は私たちのまわりにワンサカといるのです。このように考えると、私たち自身がパフォーマーであり、オーディエンスの二面性を持ち合わせていることが確認できるのです。生活をしていく上で、私たちはこの個別の社会という構造＝各々のフィールドの集合体を維持していかなくてはならない存在なのです。

社会の形成とアナログ時計

話が前後しますが、先程の個別の社会という構造＝各々のフィールドの集合体とは、野球のポジションと同様な意味合いを持っています。つまり、ひとりがセンターであり、別のひとりがキャッチャーであるように。センターに打球が上がった。センターフィールドの選手が球を捕球後すぐにキャッチャーへ送球した。キャッチャーは素早く滑り込んできた走者にタッチをする。このように、フィールドにおける分業体制が確立しているからこそ機敏に対応できるのです。

私たちはすでにどっぷりとこの分業社会に浸かっています。また、その体制と機構が確立してしまっているので、何の疑いもなく、この「何の疑いもなく」がくせ者なのですが、不自由することなく暮らしています。私たちはこれまでお話ししてきたフィールドの集合体で、各人が各々の仕事をこなしているにもかかわらず、他者との結びつきがないように感じているのも多くの人々の実感としてあると思われます。マンデヴィルの次の言葉を聞いてください。

「機構全体は、時計を巻く場合と同じくほとんど技量を必要とせずに、ひとりでに動かされるだろうということだ。そしてたとえ賢人がいなくても、大都市の政治は、いったんりっぱな秩序ができあがると行政家はただ直感に頼っているだけで、かなりのあいだ申し分なく進みつづけるだろ

う。」（『続・蜂の寓話』一九九三年、三四二頁）

一八世紀近代人のひとりは、自らの時代において、すでに社会機構の現状を的確に把握していたのです。とはいえ、マンデヴィルの発言内容は現在の私たちの社会にも明らかに当てはまります。私たちは近代のアナログ時計の内部の歯車のようにただただ自らの仕事のみに専念することだけで本当に良いのでしょうか。また、歯車のようにただただ単調に回っているだけでいいのでしょうか。その歯車である私たちは潤滑油や修繕、部品交換をしなくていいのでしょうか。もし、その時計が修理されるとき、当然、自分ひとりの歯車のみが取り除かれるのではなく、他の歯車、ゼンマイも一旦取り払われるということも考えてみる必要があるでしょう。

あなたが、実際に職場で体調が悪いからといって無断欠勤すればどのようなことが起こるかイマジン（imagine 想像）してみてください。すぐに同僚先輩諸氏に迷惑をかけることになるでしょう。職場の秩序を乱すものとしてあなたは断罪＝クビになるかもしれません。「そうならないと分からない」、というような人は大人でしたらいないはずですが。

経済社会を再考する

もうひとり一八世紀の著名人に登場願いましょう。本書の副題でお分かりのとおり、また、経済学の中身を知らずとも多くの方々に古典経済学の父として有名なアダム・スミスの次の言葉が、端的に私たちの社会の一側面を語っています。

「社会は、さまざまな人々のあいだで、さまざまな商人のあいだでのように、それの効用についての感覚から、相互の愛情または愛着が何もなくても、存立しうる。そして、そのなかの誰一人として、互いに何も責務感を感じないか、互いに感謝で結ばれていないとしても、それは世話を、ある一致した評価にもとづいて損得勘定で交換することによって、依然として維持されうるのである。」(『道徳感情論』上、二〇〇三年、二二三頁)

上記の議論は、『国富論』ではなく、彼の最初の著作『道徳感情論』の叙述です。スミスは経済社会――当時は商業社会といった方が適切であるかと思いますが――の分析を行う前に、私たち人間がどのように社会を形成したのか、その社会形成原理としての「同感の原理」を説いたのが同書なのです。多くの方々にはハッキリいって馴染みのないタイトルであり書物でしょう。しかしながら、この書物こそ、今の私たちの社会分析にはもっとも必要であると私は思えてならないのです。だからこそ、私は多くの皆さんに、これまでスミス研究者やその周辺――確かに、日本経済新聞ではしばしばアダム・スミスの名が第一線級の研究者やエコノミスト――によって、一部分は紹介されたことはありますが、その過半はまだまだ万人に認められていないところでしょう。

上述の内容に戻りましょう。私たちの社会は、紛れもなくスミスが述べるように貨幣を媒介とした等価交換社会です。したがって、この等価交換というルールさえ守られていれば、この社会は崩壊しないことになります。ですから、スミスは該当箇所の主旨である「慈恵は正義よりも、社会の存在にとって不可欠ではない」と指摘するのです。正義概念の必要性についての議論の核心といってもいいでしょう。では、正義概念はどのように私たちのものになっていくのでしょうか。その詳細はこれもまた後のお楽しみにとっておきます。ここで申し上げておくことは、スミスが私たちの「憤慨感情」に注目していることと、ある被害者（例えば、持ち物を盗まれた、暴力的行為を受けた）の恐怖と加害者への「憤慨感情」を周りの他者も共有するという――歴史的・慣習的――事実です。

「社会は、しかしながら、互いに害を与え侵害しようと、いつでも待ち構えている人々のあいだには、存立しえない」（同上）とスミスが述べるまでもなく、前にも触れたとおり、野球チームも内部の抗争が落ちつかない限り機能しませんでした。もう一度、私たちは自らの社会と人間、さらには人間対人間の結びつきを考えるとともに、様々な問題を抱える現代社会＝自壊社会を再構築できる「力」をスミスとともに探りたいものです。

「気持ち」を「形」にする

始めに野球選手のコメントに触れましたが、「夢」には実体がない、などとは決して主張できないのです。「夢」をその選手のように「目標」に据えることもできるのです。明確にアメリカに大リーグがあるのですから。その実現可能性を増やすのも減らすのもすべては本人次第であるということと、この社会を構成している人々との関係性も要因として看過してはならないということです。ひとりでは私たちは生きていけないというのは紛れもない現実です。ですから、「俺は社会とは関係ない」という奴がいたら、「どうぞ、ロビンソン・クルーソー（この人物の名前も最近、若者のあいだでは認知度が低くなって使いづらいのですが）のように、南海の孤島でお暮らしください」といってやりたくなります。また、そういう風に嘯く若者、無関心を装う輩には当然、さらには気ぜわしい一般読者にも自らの社会での所在をimagine（想像する）してほしいのです。

この私たちの社会の中で不快な事柄がどうして多くなってきたのか。この社会でどうして偽装や隠蔽、虚偽的事件がプロであるはずの現場で多く発生するのか。それらの諸点に関わる「気持ち」をこのような文章という「形」に代えて、私は皆さんにお伝えする。そうすることによって、皆さんの「気持ち」がリアクション＝言葉・行動として私に、周囲の人々に、この社会に有用な「形」となって具現化していくものと思われます。

このような「気持ち」＝「形」の各々の交換的交流こそが多くの組織体、地域、さらには日常の場にもっと必要であると考えています。「気持ち」を言葉として、行為として表現する主体（行為当事者）としての私たち、一方においては、周囲の人々の表情、言葉、行為を受け止める側（被行為者・目撃者・

観察者）としての私たち、という二つの立場に私たちは置かれます。その置かれたアングルから、何かを想像し、思い、私たちはまた新たな「気持ち」をフツフツと抱くのです。この「気持ち」の繰り返しの交換の中に、今流行っている「共生」という言葉や「共感」という言葉が、さらには行為としてのボランティア活動があるといってもいいでしょう。

では、私たちは本当に自分の素のままの「気持ち」を相手に伝えることができるでしょうか。また、私たちは本当に相手の「気持ち」の源を分かってあげることができるでしょうか。一〇〇％の「気持ち」の交換ができれば、もっとこの世の中から、相互の認識不足や誤解、そして争いが少なくなるかもしれません。あるいは逆に、相手の本性が手にとるように分かり、敵対的感情を募らせる場面が多くなるかもしれません。とはいえ、もし相手の「気持ち」を分かる努力をする機会があるとすれば、その先の言葉や行動をある程度の許容範囲を設定して対処できるということも考えられます。その瞬間に私たちは多くの知識や情報を駆使して、思いを巡らすのです。その思いを巡らすことによって想像力を膨らませるはずです。「気持ち」を分かるということの本質にたどり着くことができれば、もしかすると先程述べた現実社会＝自壊社会の抑止方法も皆さんに僅かでも理解していただけると確信しています。

これから、第一部「私の素直な気持ち——現実への危惧感——」、第二部「アダム・スミスの気持ち

――近代からの伝言――」、さらには第三部「『見えざる』社会の実現に向けて――高慢と経済社会と教育と――」に移っていきます。しかしながら、無名の「私」の「気持ち」なんぞ聞く耳持たずといわれる方は、その方々のお気持ちを尊重して、第二部から、高名な経済学者であり道徳哲学者であるスミスの「気持ち」からお読みいただくことを切望します。また、奇特な方々、時間が一杯ある方々は是非、「私」の「気持ち」から御笑覧いただければ幸甚に存じます。

●引用文献

アダム・スミス『道徳感情論』上、岩波文庫、二〇〇三年
マンデヴィル『続・蜂の寓話』法政大学出版局、一九九三年

目次

第一部

私の素直な気持ち

――現実への危惧感――

素直に白状しましょう。私はアダム・スミスの「気持ち」になれるのか、というと決して本人にはなり代われません。また、いかに私の先輩の先生方といえども、「私が明確にスミスの代弁者です」というように奢り高ぶった方も当然いらっしゃらないでしょう。思想史研究者はあらゆる可能性を研究対象である思想家の著書（＝「気持ち」を「形」にしたものと考えればよいと思います）に探るのです。したがって、研究者といえども「スミスは……と考えていたのではないかと思われます」というように発言できる程度に止まるのは至極自然なことではないでしょうか。

ですから、「これがスミスの気持ちです」といえる者はひとりもいなくなるわけです。とはいえ、先程「はじめに」で眺めてみたように、相手の立場からの思索は可能なわけです。スミスはそれを私たちに備わっている「同感感情」に求め、その「同感の原理」の解説を『道徳感情論』の冒頭から展開していくのです。

スミスは自らの著書『道徳感情論』の中で、「同感（＝共感）」について述べるわけですが、本当にすべての個々人の「同感」が現実的にできるものではないことをも理解していますので、私が国籍も言語も人種も異なる他者として、スミスの「気持ち」をこれから探ろうとするとき、実は厭味たらしく薄笑いを浮かべて、「他人の気持ちなど分かろうはずもない」とスミスに皮肉られるかもしれません。それとも寛容に、「学者の端くれであれば、自らの信ずる手法にしたがって、私の『気持ち』(＝思想)の断片を抽出する試みには興味がある」と軽い口調で述べてくれるかもしれません。いずれにせよ、私は、スミスの同書を皆さんにご紹介することによって、別言すれば、私自らの「気持ち」と共鳴する近代人としての彼の発言(「気持ち」の具現化の産物)を第二部で扱いたいのです。本当にスミスの「気持ち」と「私の気持ち」が重なっている箇所を皆さんが見出していただけるのなら、それに越したことはありません。

ですから、第一部の使命は「私」がこの社会をどう見ているか、どう感じているか、どういう「気持ち」でいるかを少々冗長な物言いに皆さんの寛容さを示していただきながら、進めていきたいと存じます。

私たちは「共感」できる時間を持っているだろうか？

▣ 携帯電話は何をするツール？

現在、携帯電話は学生の間だけではなく、中高年世代の人たちにも受け入れられて、というよりも必需品となり、携帯電話契約数が一億台を越える（そのことは赤ちゃんを含めて人口の大部分が携帯電話を所持している計算になりますが）というご時世で、何ら違和感のない当たり前の光景となっている、その現実を見つめることから話を始めましょう（今後、携帯電話は「携帯」というように略記します）。

ありきたりの電車内での光景として、私たちはすでに見過ごしているのですが、多くの若者（今では、中年の方も）が携帯の画面を覗き込み、親指がそのキーを叩いている場面を必ずといっていいほど目にします。彼・彼女は誰にメールを打っているのか、あるいは何を伝えようとしているのか考えた場合、次のようなことが通常思い浮かべられます。まず、連絡事項。それが学校での授業・ゼミの時間や内容の報告であったり、デート、コンパの日時・場所の打ち合わせであったり等々。次に、親しい友人との意見交換も考えられます。この場合どのような内容が考えられるのでしょうか（私のようなオヤジが頭を巡らすので大したことはいえないのですが）。例えば、先生への悪口、仲間のゴシップ、はたまた隣の猫チャンの話、というように他愛ない事柄が延々と続いているように見受けられます。となれば、本当に彼らは自らの意見を交換し合っているといえるのでしょうか。

もし、「共感」という他者の存在を認めた上で、その行為を行っているとすれば、これからメールを送信しようとする相手の行動が予測できるのではないかということが考えられます。そのように予測可能であれば、私たちはすぐに返信メールを期待することはないと思います。今日では、「ケイタイ中毒」という言葉も定着しているのですが、若者が自ら送信したメールにすぐに返信を求める傾向が強く、ある一定時間内に返信がないと、もう仲間として認めてもらえなくなる、という話も耳に入ってきます。これなどは、「私がメールしたのだから、受け取ったあなたは返信する義務がある。もし破ればあなたは友人としての資格を失う」と相手を脅しているようなものではないでしょうか。いかに親しい友人とはいえ、各自の都合や遭遇した状況の変化の中で生活しているのですから、メールという性質上、至急な用件でない以上、数分間後に返信を期待する方が無理難題を相手に強いているとはいえないでしょうか。そのような若者は「親しきなかにも礼儀あり」という諺や「礼節」という徳ある行動を表した言葉と思考回路を持ち合わせていないのでしょうか。

■ 携帯は便利なツール？

では、そのような彼らは携帯でお互いに何をしているのでしょうか。推察してみると、次のようなことではないでしょうか。彼らはめいめい自らのいいたいこと、つまり自らの欲求の捌け口としてのメール発信をしているのではないかということです。彼らはメールする直前から現在に至る「今」という時間のうちで自ら感じたこと、思ったこと、考えたことを文字という書き言語（本当なら、面と向かって延々とダベリ続けたいと思っていることでしょう）で誰か――つまり自分の話を聞いてくれるのなら誰でもかまわない――に伝えたいというシンプルな欲望を、各自が満たそうとしているのではないかということです。だから、例えばA君が「海の公園の花すごく綺麗だよ！　写真も送るね」と彼女C子さんに写メールすると、C子さんは「昨日のテレビドラマ良かったと思わない？」という返信が彼A君の元へ届くという次第です。とはいえ、多くの方は「そんなこと日常的に顔を合わせてお喋りしているときでもよくあること」といわれるかもしれませんが、本当にそうなのでしょうか。もし、直接会って相手の顔を見て話をしていると、私たちは「場」の空気やら相手の表情を目撃することになるはずです。その「場」の雰囲気を読めない人（KY）を軽蔑するという行為もそのように顔を合わせているからこそ、発生するといえるでしょう。

ですから、先程の彼と彼女の場合、これは明らかに異なった場所にいて、まったく別々の状況の中で時を過ごしていることはもうお分かりでしょう。さらに、私も経験済なのですが、用件、例えば家の者が買い物を外出中の私に頼むメールを打ったというのですが、私がそのメールを受け取ったのは数時間後の自宅であったというような出来事です（第三世代携帯ではもうそのようなことはないはずですが）。これと同じことで私が速達扱いで出したメールが相手の手元にいまだ届いておらず、相手先にメールが着いているだろうという予測の下に電話をしてみると、話が進まなかったりということが何度かありました。

■ 携帯はアイデンティティツール？

話をもう一度A君とC子さんに戻します。彼らはお互い相手の現在置かれている（A君は海の公園の散歩道、C子さんは移動中の電車の中）環境をまったく知らないし、知ろうともしていません。さらに当然のことながら相手の顔色も、仕種も見えないのです。また、彼らは自らの肉声をもって話していないのです。声の持つ音程やその強弱を聞くことも当然ありません。おまけに、先程のメールではお互いに現在の思いつき（これを話題提供といってしまえばそうですが）を提示しているだけで、相手との（共通となるべき）話題の共有という状況にはありません。お互いが今、思っていること、今、感じていること、今、考えていることのみを文字化（その文字も絵文字であったり、デコメールであったりと嗜好に富んではいるのですが）して送信し合っているのが多くの若者を中心とした行動ではないでしょうか。

正高信男氏の『ケータイを持ったサル』（中公新書、二〇〇三年）によれば、サルは森の中で姿の見えない者同士がお互いに声を発して、同類のいることを確認することによって精神的に落ちつこうという行動をとる、とのこと。まさに若者はこの都会というジャングルの中で仲間とつながり合っていることをいつも確かめ合っている存在であるということになります。となれば、彼らにとって、それ以外の周囲の人々の存在は目に入る余地は残されていないか、あるいは無視すべき存在（無視するということは存在を認めないことですが）である、配慮の対象外ということになるのでしょうか。

「共感」をする時間がない

■自己チュウが時間を浪費する

私たちは忙し過ぎです。高度情報化社会、すなわちIT革命という歴史的イベントを経験することによって、ますます、人類とくに先進国の国民は自分を取り戻す時間——ひとときーーを失ったのではないでしょうか。

例えば、前項で電車内での携帯メールの話に触れましたが、そのメールがなかった時代（こういうことを想定すること自体、私が年齢を重ねたということですが）、私たちは電車内で何をしていたでしょうか。確かに、メールがなかったときと変わらない光景も以前と同様にあります。その変わらない光景というのは、仕事の移動中に少しでも疲れをとろうとするサラリーマンとおぼしき人々、さらに本や雑誌あるいはタブロイド紙を広げて読み耽る人々、さらにはこれも以前と変わらぬ人々ですが、ヘッドフォンを耳にする老若男女。ウォークマンが登場して以来、今日、アップル社のｉＰｏｄなどの新しい機種が、さらには携帯での音楽配信にまで至っているので、この音楽を移動空間で楽しむという行為は定番といっていいでしょう。また、その空間で友人、知人、同僚、上司等とお喋りに興じている人たちはいつでも、どこにでもいるわけですが。

さて、このように考えると移動空間での新顔といえば、といっても、これもすでに市民権を得ている行為ですが、携帯でのメール、ゲーム機能、テレビ機能、さらにはポータブルゲーム機に熱中している人々の行為だといえそうです。メールについては先程述べたことを考えると、「共感」する余裕はありません。まず自らの欲望を満たすための典型的な行為であるとみなすことができるでしょう。では、プレステのようなゲーム機はどうでしょうか。確かにそれらのゲームのストーリー性は豊富で、場面展開や会話を楽しむことがゲームとしての本道ですが、この行為自体、自らをゲームの住人に変え、次々と画面をクリアしていくことが優先事項となりますので、他の人々のことはその仮想現実に入り込んだときから、眼中にないということになります。

移動空間はそのような個別空間（熱中空間＝自己チュウ）の集合体ではないのです。公共という同空間に同時的に他者と存在しているという現実。犯罪行為にならなければ、多少の非礼は、同一民族同士だから許容してくれるだろうという DNA 的な甘えが上記の肥大増殖した携帯族やゲーム族には多く見られる気がします。自分の即時的快楽欲求を体現するのに忙しく、自分の人生上の有限的時間を浪費しているのではないでしょうか。

■自己欲求と社会との接点は？

一方、「眠る（ここでは目を閉じる行為も含めましょう）」という行為、「活字を読む」という行為、あるいは「お気に入りの音楽を聴く」という行為はどうでしょうか。

「眠る」という行為は本当に睡魔に誘われ、正体なく眠り、疲労を軽減するという優れて利己的な行為と解釈されても致し方ないでしょう。正体なく眠り、隣の人に寄り掛かっていた経験はありませんか。さらに、「目を閉じる」という行為は一つには多忙な日常での休息的な意味合いもあるでしょうし、もう一つには電車の揺れに身を任せながら、普段から思い浮かべたい何か（対象としてそれが恋人であったり、憧れの嗜好品であったり、あるいは漠然とした心配事であるかもしれませんが）を頭の中で捏ね繰り回して、想像の世界へ旅していることがあるかもしれません。強いてあと一つあるとすれば、同じ車両に乗り合わせた他人と無闇に目を合わせたくないとか、些細なことで争いを起こしたくないという自己防衛的な意味もあるでしょう。

次に、「活字を読む」という行為は、新聞であれば、とくに朝の通勤時間帯では、多くの同族サラリーマンが寸分の時間を惜しむかのように最新の経済・政治・社会事情の記事に目を通します。それが自らの会社へ影響を及ぼすと考える場合においても、彼らはその移動中、同族的意識からだとしても、社会の公共的空間を気に留めていると解釈してもいいでしょう。では、雑誌やタブロイド紙はどうでしょうか。例えば、ファッション雑誌はどうかといえば、四季折々の流行をいち早く手に入れようと躍起になる女性たちはそれを熱心に読むでしょう。この女性たちの行為は一見、すべて自己チュウ的に見られますが、彼女たちは明らかに他人と社会を意識しているのです。流行自体は誰か（業界）の作り出した虚構の世界ですが、多くの人々が賛同すること、支持することによって、それは社会現象となるのですから、少なからず社会との接点としての財・サービスのトレンドに関心を持つことは意義のあることです。

■ タクシードライバーと小説

さて、「活字を読む」という行為の続きなのですが、あなたは、小説を読むということに対して深く考えてみたことがおありでしょうか。これからお話しするのは、私とタクシードライバーとの車中での会話です。私は数年前たまたま講義の移動にタクシーを使うことになりました。大学の学部間の移動なのですが、学部と学部の移動時間はおおよそ十分程度というところでしょうか。このような場合は大学側が移動用にタクシーを手配してくれます。そのタクシードライバーは職業柄、様々なお客さまに接することを述べたあと、「最近の若い女性には羞恥心がないんでしょうか」と私に尋ねてきました。私が「どうしてですか」と聞き返すと、「後部座席での恰好が実にいけない」というのです。私は思いつくままに「化粧を始めたりするのですか」というと、「それもある」といいます。次の彼の台詞は、「彼女たちは他人に見られているということを意識していないですな」でした。私は少々躊躇しながら、というのも、思想家としていつも頭の片隅にある人間性への思考ポイントを刺激されてのことなのですが、「意識していないということは、他人の存在に考えが及んでないということですか」と返します。その後、彼、ドライバーは「それもある。……どういうんでしょうね」と言葉に詰まる。私は先程述べたように刺激された頭で「彼女たちに想像力が足りないということなんでしょうかね」と助け船（?）を出すと、彼は「そうです」と少し口調を強めるのです。

彼はそこから小説の話を切り出しました。「想像力というと、先生は小説を読まれますか。私は池波正太郎や藤沢周平の江戸時代小説が好きでね。例えば、彼らが描く朝靄の情景の中ひとりの侍が歩いているとすると、それを自分なりに思い浮かべてみるんですよ。それが堪らない」と彼。さらに、「私も近頃は小説を読むより、テレビという映像を見てしまってそれで納得してしまう。それがいけない。作家が書いた場面を想像してみようという人間の労力を省いてしまう」と饒舌にそのタクシードライバーは映像世界やＩＴ社会への批判めいた話をしたのです。さらに次の講義の場所に着くまで、正確にはタクシーの扉が開いて私が下りようとするまで、私は彼の「小説の効用」についての講義を拝聴し、彼の結論的部分を聞くことになりました。「彼女たちは小説なんぞ読まないでしょうかね」と。

作家が文字だけで描写しようとする情景美。そのことは、小説家に限らず文章表現をしようとする人々は、私たちの想像力を期待、あるいは当然はっきりと思い浮かべてくれるはずだと何処かで読者の努力を切望しているといえます。想像するという誘惑が、先の会話のドライバーのように江戸時代の情景を頭の中で描くという行為に、さらに新たな好奇心＝知的欲求が自らの欲望を満たしたいと這いずり回るように読者を誘っていく。その詳細な、微細な情景描写が、主人公への感情移入を最大化へと持っていく、ということもいえそうです。

小説と同様な事柄が音楽にもあてはまると私自身は考えています。

無我の境地を求めるようなビートに身を任せる音楽もあるかもしれませんが、Jポップ等のアーティストは曲に詩を乗せて語ります。その詩が彼らの情感溢れる歌声と楽曲によって、私たちの元に彼らの心象を伝えることとなります。例え詩がなくとも曲は人間の脳裏に映像を映し出すこともあるでしょう。私などは、ウッドベースの響きを聴くと、ポール・チェンバースの姿――あくまでもジャケットの上ですが――を鮮明に思い浮かべるのです。またある人は、軽やかな旋律をクラシックの世界で聴くと、私たちが肖像画でたびたび会ったことのあるモーツァルトがピアノを弾いている場面を想像するかもしれません。読者の中には、今、私が挙げたベーシストの名前は知らないが、モーツァルトならよく知っている方々もいらっしゃるでしょう。私たちは、自らが経験した分の数だけ想像力の種を持ち、それを自分なりに脚色・アレンジして、自分好みの想像の世界を膨らませているのです。

私たちは移動空間という箱の中で、個々人自分勝手なことをしていますが、その行為の中でも「想像する」という時間がなければ、当然、他者へ思いを馳せることもないでしょう。また、自らの社会

（＝公共）を意識することもないでしょう。そのような時間を浪費するような、つまりメールで自らの欲求のみを垂れ流し的に送信し合ったり、ゲームという仮想空間の閉じられた物語の結末だけを追求するという自己チュウ族は、他者に「共感」するということから逸脱した世界の住人であり続けることでしょう。自らが自らの「想像」するという時間、すなわち、人生において自らに係わる事柄を真剣に考え、自らに向き合うという時間を持てないことは、自らを「生きる」ということから程遠いのではないでしょうか。

情報化社会が想像力を萎縮させる

■ アダム・スミス登場？

昔の人は、といっても、この「昔」がどれくらい時代を逆上ればいいのかという問題がありますが、ここでは、スミスのエピソードを紹介しがてら、お伝えしたい事柄に移りましょう。それはスミスの死後、遺言執行人ブラックとハットンの二人によって出版された書物の内容の一部です。

この書物が出版されたという意味は非常に重要なことであったのです。スミスは生前、ほとんどの原稿類を燃やしてくれと彼らにいい残していました。ただし、例外として『哲学論文集』だけは刊行の許可が出ていたのです。それだけスミスは慎重な人、あるいは完璧主義者だったともいえるし、自らの名声を守るために不完全な体系を後世に残すという汚点だけは避けたいと考えた人かもしれません。とにかくスミスが自らに厳格であり、自著の主張の正確性を読者に真摯に伝えようと努力していたことは確かだと思われます。したがって、スミス自身がこの世に残した書物はわずか三冊ということになります。それらはすでに周知のとおり、経済学の古典的世界で一番著名な著書『国富論』(一七七六年)、そして本書で紹介し、読み解こうとしている彼の人間行為論の書である『道徳感情論』(初版一七五九年、生前最終版一七九〇年。この刊行年を二つ挙げた理由は後でお話しします)、さらに当項で取り上げようとしている『哲学論文集』(一七九五年)です。

もしかすると、少々古典経済学を齧った方がいらっしゃると異論が出るかもしれません。「スミスの著書はまだ他にもあるぞ」と。おっしゃるとおり、スミスがグラスゴウ大学の教授職に就く前に、ケイムズ卿の後援を受けて行ったエディンバラ公開講座の内容をまとめた『修辞学・文学講義』や、彼がバックル侯爵の家庭教師になる前、つまり大学を去る前に行ったといわれている『法学講義』を挙げることができます。とはいえ、よく考えてください。スミスの人柄に触れた逸話の中でよく取り上げられる次のようなことがあったそうです。スミスは学生たちにやたらにノートをとることを禁じていたそうです。しかしながら、学生も必死で勉学に励むからこそスミスの講義をノートしていたといえるでしょう。だからこそ、私たち研究に従事する者はスミスの道徳哲学講座の全貌を知ることができたり、彼の思想体系を詳細に把握できるという幸運にも恵まれているわけですが。

今、私が述べたいことは次の事柄です。スミスは遺言執行人に自らの原稿類を焼却処分するように依頼した人物であるということです。そのことは彼にとって先程の二冊『修辞学・文学講義』と『法学講義』については、自らが活字化することを積極的に望んでいなかったということです。それだけスミス自身にとっては、いまだ、自らの思考体系構築の作業中の内容であり、不完全なものであると認識していたのではないかということです。別言すれば、スミスが自ら完全であると承認した書物は、読者に自らの議論の真意を伝えられる自信を持っていたものと思われます。私たちでさえ、何か本当に訴えたいことがあれば、喚くとか叫ぶ等といったことを通してではなく、冷静に判断して言葉を尽くして説明するでしょう。それを考えれば、スミスが刊行を望まなかった書物については、彼自らの主張・訴えを正確に伝達しつくせないもの、さらには自ら明確に論理・体系づけられなかったものとしての未熟さを彼自身が自覚していたものとして、私たちは受け取ってあげるのが心情的に当然ではないでしょうか。

とはいえ、この研究分野においては、『国富論』と『道徳感情論』の両著では解き明かせないスミスの思想体系の深みと多面性を理解するためには不可欠な書物であることは認めねばなりません。本テーマに戻りましょう。

■「驚き」は発見である

『哲学論文集』の、通称「天文学史」と呼ばれている小論文に、「昔」の記述が出てきますが、その中で古代から近代に至るまでにどのような哲学的思索をもって天文学の体系が構築されたかを、スミスは著しています。スミスの当論文では、人間の精神的（および感情的）歴史、すなわちその進歩と変遷を解明しようとする天文学体系の思索的歴史の展開を捉えています。スミスはそこで、人間の感情の一つである「驚き」というキーワードを提示します。この「驚き」ですが、その言葉を定義するところから議論を始めています。書き出し部分に次の叙述があります。

「我々が驚異するのは、異常で、普通でないすべての対象、かなりまれなすべての自然の出来事、流星、彗星、食、珍しい動植物であり、要するに、これまで我々がほとんどあるいはまったく知らなかった、あらゆる事物である。しかも、これから見るべきことについて、あらかじめ注意していても、なお驚異するのである。」（『アダム・スミス哲学論文集』一九九三年、六頁）

スミスの「驚き」の意味、ジョン・ロック的に述べれば心の「落ちつかなさ」ということになると思われるのですが、私たちは、この「驚く」という感情を抑制するために何らかの理由付け、すなわち思想的体系付けをしていくとスミスはいうのです。したがって、星の運行においての不可思議な動きについても、これまでの古代から近代までの多くの天文学者（といっても、哲学者連中がメインとなります。皆さんがよくご存じのデカルトの天文学体系も偽の体系として登場してきます）が自らの頭の中――決して実証的でない――で構想した思想的体系によって大衆を納得させてきたのです。

私たちが「なぜ」という問いを発し続けてきたからこそ、私たちは多くの科学的成果を獲得することができたといえるのです。その意味では、自然からであれ、屋内の実験的過程からであれ、ある現象を目撃したときに「驚き」の感情を持ち、スミスのいうように、その現象の謎を解くこと＝理性を働かせて納得できる理由を作り上げて、「落ちつかなさ」という不安を取り除こうとしたのです。人間にとって「落ちつかなさ」は不安であり、できる限り早く精神的な穏やかさを手に入れようと努力するのが、私たちの通常の行為ではありませんか。

簡単な例を付け加えておきましょう。あなたの家に泥棒が侵入したとしましょう。あなたは玄関の鍵を開けて、まず物色された室内を目撃します。驚きます。当然、あなたは普段と異なる異様な雰囲気に気づきます。さらに何を盗まれたのかと心配になります。あなたは泥棒がどこから侵入したのかと特定すべく、壊れた窓ガラスの方へ近づいていくかもしれません。また何を盗まれたのかを調べることによって、自分の被害総額を推定する行為に移るかもしれません。通帳の入っている戸棚、宝石・アクセサリーの収めてある小箱等を確認するでしょう。金庫をお持ちの方は、いの一番にチェックするはずです。侵入手法・経路を見つけ出すことは今後の対策として必要なことですし、被害総額と保険の確認も次への安心へのステップです。これらのことが、速やかな情報の収集と分析ということを通して、明らかになる事実の把握と安心・保障の充実を私たちに提供します。

▣ 想像力の喪失

私たちは多くの情報を得ることによって、次の行動を選択し、決定していきます。

私たちは現在、高度情報化の社会環境に住んでいます。さらに述べれば、私たちの環境は、ある程度胡座をかいたり、高いびきで眠れる精神的で穏やかな感情状態を保てる生活であるといえるのではないでしょうか。私たちは、何かが起こる前に、あるいはびくつかないように「驚く」という感情的起伏を避けようと、下準備にインターネットのような媒体を頻繁に使っているのです。

海外旅行をするときに、日本と異なった文化・風習を色濃く持っている国の事情は調べておくのに越したことはありませんが、本当にそれが良いことと言い切れるのでしょうか。初めて足を踏み入れる土地への期待と不安の中で、後者の感情を取り除きたいと思うのが人の常であると思われますが、その適切であろう（?）行為自体が、私たちの純粋な「驚き」の感情を喪失させてしまっているのではないでしょうか。旅先で、事前に調べてきた事柄をマニュアル的進行の下にチェックしていくことが楽しみに先立ってしまい、本当に心から異国での新発見を満喫できなくなっているのではないでしょうか。そう、情報化社会に突入してしまったことで、またあらゆる情報を入手しやすくなったことで、私たちは「驚き」からくる不安を静めるための自らの理由付け、謎解きの必然的行程とその密やかな楽しみをどこかに置いてきてしまったのではないでしょうか。「驚き」行程の途中で、想像することの性向と楽しみを、次のようにスミスは述べています。

「精神が、異なる諸対象間に発見されうる類似を観察するのを好むということは明らかである。そうした観察によって、精神は、すべての観念を排列し、組織化して、正しい種類と種目にそれらをおさめようと努力する。」（『アダム・スミス哲学論文集』一九九三年、一四頁）

「二つのばらばらな現象を連接する、目には見えないが、中間的諸事象の鎖を想定することが、想像力がこの隔たりを埋めうる唯一の手段、いわば一つの対象から他の対象への想像力のなめらかな移行を可能にする、唯一の橋である。」（同上、二〇頁）

■　性急な結論探し――デリートされた「時間と労力」――

上記でスミスがいうように、「想像力」がある二つの諸現象を結びつける「中間的諸事象の鎖」を導き出すのです。しかしながら、私たちの情報化社会ではどうでしょうか。人間の本性といってもいいかもしれませんが、私たちは短気で、早く結論を導き出したく、また一刻も早く白黒をつけようという焦りにも似た感情を抱き、早く結論・結果を出さないと時間の無駄であるとか、即決こそが最良の策などと思ってしまいがちです。

よくあるパターンとして、受験生が自ら解いた問題の解答のみを早く確認したがるように、例えば数学などは解法の過程が重要な意味を持っているのですが、できれば中間的手段を省き、正答を得ようとする行為は、私たちがよく行うことであると思います。

さらに、先に述べたような旅行にしろ、グルメな店をリサーチするときにイタメシだとか地中海料理だとかという好みを多少は考慮するにしろ、私たちはメディア媒体から得られた情報（＝結果）のみをプリントアウトしてしまうのではないでしょうか。これも明らかに中間的労力を省いたインスタントな行為に他ならないのではないでしょうか。この「中間的労力」を私たちは、かつて自分の情報網を駆使しながら、獲得していくというクリエイティブな活動をしていたのではないでしょうか。仲間が知らない珍しいお店や旅行の穴場スポットなどを自ら探し出すという密やかな娯楽を持っていたはずです。自己の労力を費やすということ、すなわち自分で図書館に行く、書店で関心事の書籍を探し出す等々。これを刑事物語風にいえば、「足で稼ぐ」ということを私たちはしていたと思います。その後、まさに「足」を使って、その見つけ出したお店の外観を自分の目におさめたり、実際にお店に入り自分の舌でお目当ての品を賞味したりすることによって、仲間に自信を持って、例えば食事会や宴会の会場として提案することができたのです。

今はどうでしょうか。自分の足ではなく、インターネットの他人の声と評価（口コミ）を頼ることが多く、自分ではその他者評価に信頼を置くものではないにしても、一つの基準としていることがあるはずです。このように、自らの足と舌を実際に働かせることをしていないのです。「美味しい」という評価はどのように美味しいのか、また「まろやかな」味とは「ソフトな」味とどう違うのか。掲示板の書き込みを吟味もせず、あたかも自分の判断のようにA店は「良い」とかB店は「まあまあ」という判断を口にしてしまっているところがあります。もう少し突っ込んでいえば、そのような情報取得は、先程述べた受験生の正答の先取りと一緒で、「A店⇩良い」、「B店⇩まあまあ」という結論部分を求めるために自らの労力と時間を消費していない、つまり、ぐうたらして楽（らく）して楽しみたいという怠惰な欲求にほかなりません。

この上記の矢印「⇩」は自らの時間と労力（この中にこそ、様々な情報を結びつける「想像力」が働いているのです！）に本来当たる部分なのです。情報収集が容易になったことによって、さらに私たちはある対象とある対象の間にある「鎖」の意味を問わなくなったといってもいいと思います。スミスが示した「中間的諸事象の鎖を想定すること」（「想定すること」＝「時間と労力」）が、本来の人間の姿であったことを考えれば、私たちのこの高度情報化社会では、ミュハエル・エンデの著した世界に登場した時間泥棒に私たちは「鎖を想定する」時間をまんまと奪い取られた愚か者であるといってもいいかもしれません。まさに現代に現れた時間泥棒こそＩＴ機器類なのです。本当であれば自分が汗をかかないといけない「時間と労力」を吸い取られてしまった、あるいはデリートされてしまった空間が私たちの前に広がっているのです。

ゆとり教育が想像力を弱くした？

■ 私の時代の学校と塾

かつて安倍内閣の時代に、教育再生会議が授業時間の一〇％増やいじめ対策としてのいじめっ子に対しての出席停止措置、さらには高校におけるボランティア活動の必須化等を打ち出し、文部科学省がこれまでの「ゆとり教育」を見直す気運が最高潮に達しました。さきの「ゆとり教育」が教育の崩壊を招いたことが、やっとはっきりしたといえます。学力の低下の顕在化、悪質ないじめの増加、教育の現場における指導力の低下＝劣化がクローズアップされているのも読者の皆さんにとっては周知のことと思います。

私の小・中学校の頃というと三〇数年も前ということになるでしょうか。そのころは受験勉強の激化（今もそれ自身は変わらないと思いますが、現代では格差社会を如実に現しているように、受験する子と始めからそのような行為とは無縁な子の二極に分化してきたといえるのではないでしょうか）から、学校においても毎日宿題が出るのは当たり前で、朝の五分間小テストも科目ごとにあるような状態が普通だったと覚えています。その中で学校行事もことごとく詰め込まれていたように思います。まさに、すべての事柄が「詰め込まれて」いたし、またその行いが全くもって良いことという空気があった時代だったのではないでしょうか。その大きな流れの中から落ちこぼれた子供の補助（サポート）として多くの塾が生まれたといってもいいでしょう。

ですから、私事で恐縮ですが、私のころは、勉強ができない子が塾にいっているといった雰囲気がありましたし、伸び悩んでいる子たちが勉強のヒントを得て、それを習得するために塾に足を運んでいたというのが大方であったような気がします。とはいえ、すでに私が中・高校へと進学するときには、塾は受験勉強を煽る存在となり、自らの権威を誇示するように有名校へ多くの子供たちを合格させることが使命化していました。しかしながら、私自身、塾にいったのは小学校三年生の始まった一ヵ月位で、体験授業的な時間を過ごし、「塾ってこんなに簡単なことをやっているんだ。自分のやっていることと変わらないや」と生意気なことを子供心にも持ったのを覚えています。このようなわけで、私の勉強の基本は自宅で自ら予習と復習をこなすという自立した（？）勉強環境を送っていたことになります。そのような訳で、塾にいっている友人たちに負けなければ良いという気持ちだったと思います。また、それができたのも学校の先生方が充実した分かる授業と多くの宿題を毎日出してくれたというベースがあって成立したものといえます。

■ 分かっていた「ゆとり教育」の弊害

現在、私も子供を持つ身となり、すでに中学生と高校生の息子たちがいますが、彼らが生きている時代がまさに「ゆとり教育」の世代の後期といっても良い時期であり、わけの分からない総合学習だとか国際理解が、本来必要で基礎的な科目の時間数を削ってしまっている現実を感じます。

以前、野党のある政治家が与党政治家に食ってかかったテレビ番組がありました。彼は「公立学校へお宅のご子息を通わせているのですか」と質問をぶつけたのです。というのも、当時の政府方針で始めた公立校対象の教育システムに政治家や官僚の親が不安を感じて、自分の子供だけは私立校へ通わせているという実態があったのです。「ゆとり教育」が及ぼすであろう弊害から、わが子を守ろうとする行動は自然といえば自然なことといえます。このことは、「ゆとり教育」を始める時点で、聡明な方たちはこの結果を予測していたということになります。では、どのように予測できたかといえば、すでに私たちが目撃したことの数々なのです。

現在、教育の現場は主客転倒しているといえます。どのようにかといえば、学ぶ場は塾であり、遊ぶ場・友人とコミュニケーションをとる場としての学校が存在するということです（決して、後者を否定することはないのですが）。これなどは、とくに中学校が顕著なのではないでしょうか。授業では英語の時間に歌だけを歌って文法的知識については何も教えない。さらに、ある程度の成績を子供が残していたとすると、学校の先生が親子面談で「お宅のお子さんは塾に行っていらっしゃるでしょうね」と念を押す始末です。この先生の発言から明らかなように、「学校では適切な指導はできませんから、塾でみっちりと勉強させてやってください」といわんばかりの空気が漂ってきます。

では、なぜ主役と脇役が入れ代わったのか。教科書の厚みが薄くなったのか。それこそが「ゆとり教育」施行の結果であることに間違いありません。

まず、時間（これまで「時間」のことについて言及していますので）の観点から指摘しますと、学校生活が週休二日制へ移行しました。当時、多くの教育関連の論者が「詰め込みは良くない」、「競争を煽る教育は宜しくない」と競って発言していました。時代的趨勢としても、会社企業が週休二日制を導入したことにより、大人に子供の時間を合わせてしまい、その点においても、「家族の触れ合いが不可欠である」という理由を見つけ出しました。さらに土曜日が休みになることによって、生徒・学生たちにも余裕が生まれ、「地域活動にも参加できるようになる」というもっともらしいご託が並べられたのです。本当にそのように事態は進行したのかといえば、ほんの少し子供たちは遊ぶ時間が増えたのでしょうが、その分、習い事や塾に割く時間が増したというのが現実でした。ここでも塾などの本来の機能からすれば補助的な機関が、彼らの貴重な時間の使い道として幅を効かせてきたのです。

▣ 学生たちは自分で「考え」ない？

学校での授業時間数を減らした上に、総合学習などという、これまでの先生に未経験な分野まで政府は丸投げする。さらに、土曜日は休み、それに加えて科目の履修内容のボリュームを削る。また、宿題の減少、先生の権限の弱体化、一方で子供への過保護的な措置等々をも挙げるまでもないでしょう。

「ゆとり教育」は想像性を豊かにしなかったのです。基本的かつ必要な科目の内容が外され、宿題が減った分だけ、子供たちは「考える」という行為の種子を学校から与えられなくなったのです。また、習慣付けられることによって育まれるはずの学習への姿勢さえ骨抜きにされたのです。「ゆとり教育」は子供たちに何を習慣付けたかというと、「何も考えなくて良い」ということです。

まさに、何も考えず、娯楽を与えてくれるテレビ映像的世界が教室の中にも出現したのです。これもすでに多くの論者が述べているように、子供たちは眼前の教卓・黒板で演じられている行為を画面の中のことと思い込み、自らはその画面を見ても見なくても、また、自分はその画面の中で行われていることとは別に何をしても許されると習慣付けられた、といってもいいでしょう。

私自身も大学の中・大教室で講義をしています。学ぶという意欲を持った少数の学生であれば、静かに落ちついて聴講してくれるのですが、これがただ単位がほしいというような、その教科に対する愛着のない学生たちは、上記の子供と何ら変わらない行動を二〇歳になってもやるのです。私が教壇の上に立って、さあ授業が始まるぞ、という空気を作っても、一向に彼らのお喋りが止まない。また、一度注意して静かになったかと思い、さて気を取り直して講義を再開しようと第一声を発する、と同時に彼らは話し出す。酷いときには、前の学生の影に隠れて携帯で話をしている学生さえ現れる始末ですから、彼ら学生が机の下で携帯を弄っているのは日常茶飯事であることは推して知るべしです。

最近は教室でのマナーの徹底をお願いするペーパーまで、講師室のレターケースに入っている学校もあります。

私は、もしかすると少々頭が古いかもしれませんが、講義とは学生は黙って聴講し、自らが重要だと思う箇所はたとえ板書がなくてもノートするのが当たり前だと思っていた人間です。あるとき、というのは私が講義を受け持って三年位したときに、ある学生が私に近づいて来て（当然、私は講義内容に関する質問かと思いますよ）、「先生、ちゃんと板書してください」といったときは正直いって驚きました。確かに小・中・高校と先生がきれいに板書してくれる生活をその学生は送っていたのかもしれません。もし塾や予備校であれば、手取り足取り教えてくれて、これこそが教育サービスだ、と認識していた学生かもしれません。

板書などはまだいい方で、最近ですが、ある新入生とおぼしき男子学生が「先生の授業の内容はどうやって覚えるのですか」と聞きに来たのです。私は次のように自らのシラバスにも書いています（ちなみに、私の担当科目は「社会思想史」です。これ自体多くの皆さんに馴染みがないと思いますが）。「近代の思想家・学派のその時代の諸問題とその社会環境を知り、彼らがどのように当面の問題の解答を提示したか、さらに彼らの時代を越えて、現代の諸問題を考える上で、彼らの時代への応答が何らかの自らの思索上のツールとならないかを探ってほしい」旨、伝えています。私の講義では、古代から近代までの有名な思想家・学派の人間観・社会観（当然、世界観や宗教観等も含まれてきます）を捉えること、さらに、学生が自分の頭で考え、彼らの時代への処方箋が有効であるか否かを考えてもらうものです。もうお分かりのとおり、「覚える」のではなく「考える」ことを学生に促しているのです。ですから、先の学生にも答案に覚えたものを書いてもらうのではなく、思想家や学派の考え方を認識した上で、自分の意見を纏めてほしい旨を伝えたのです。そのとき、若い彼はキョトンとした顔をしていました。

少々話がずれてきたような気もします。ここで本筋のことを僅かでも纏めてみたいと思います。

学生たちも、小学校の子供たちと同様に、私の話す姿は、たぶん黒板の縁取りとともに画面の中の一映像でしかないのでしょう。だからこそ、自分の席では別次元としての態度がとれるのです。そのような彼らは、自らの頭で考えるということを放棄し、携帯を弄り、友人と大声でダベルのです。「ゆとり教育」という揺りかごで育ってきた彼らには、学習への姿勢そのものが欠落しているのかもしれません。学ぶ内容が減る、学ぶ機会が削られる。学ぶことによって得られた種子＝知識を元にして、自分の頭で、誰にも邪魔されずに考えてその種子を発芽させ、育ててみるという姿勢を体験してこなかったとすれば、下世話な空想はできても、筋の通った想像力＝構想力を身につけることはできないでしょう。その延長線上に、いじめの問題や犯罪の低年齢化もあると思われます。想像力を育む学習の量と機会を減らせば、その結果として、必然的に適正な想像力は育まれて来なくなるでしょう。

想像力の欠落が悪行を生む

■ ホッブズとロックの時代

上述のように眺めたとき、私はジョン・ロックの「欲望を停止する能力」を想起します。ジョン・ロックといえば、『市民政府論』の著者であり、社会契約説の系譜ではホッブズに続く政治思想史の中心人物であることは、皆さんもご承知のところでしょう。しかしながら、ロックが名誉革命以後の政治社会の人間像を明確に定義していたことは通常の方はなかなか把握されていないところかもしれません。ロックは、確かに上記の書物で、人間の私的所有権を労働価値とともに明らかにしました。さらに、よくご存じのとおり、革命権（＝抵抗権）をも提示した人物です。人民が自ら悪政体へ立ち向かう場合など、フランス革命の理論的支柱であったこともいわれるところです。

さて、ロックの生きた時代をちょっと想起してください。先駆者ホッブズは、彼の人生の間にピューリタン革命、共和制、クロムウェルの独裁政治、王政復古というように目まぐるしく国家主権が動揺する様を見てきました。だからこそ、彼の著書『リヴァイアサン』の序論の中で、人間と国家を類比しながら、「内乱は国家の死」であると指摘するのです。その「死」を避けるために何が必要か。そこが彼の議論の発端なのです。したがって、内乱を回避するための装置＝絶対的国家主権が必要であること、その一方で、人間の本性分析が行われ、「各人による闘争状態」を各自の自然権を同時即時的にお互いに放棄することによって、すなわち契約を取り交わすことによって、絶対的国家という人格を建てたのです。ですから、ホッブズが過ごした人生場面が激動の時代であったことが分かりますし、その激動を沈静化させたいがための「地上の王」＝リヴァイアサンの登場を、彼が切望したのは当然といえるでしょう。

他方、ロックの時代は理性の時代とも呼ばれるくらい、ホッブズの熱狂の時代とは異なるのです。先程も触れたとおり、名誉革命後の安定した落ち着きを取り戻したイングランドであり、その後の産業革命の前段階へと連なる中産階級が台頭してくる商業社会の発展期であったのです。だからこそ、ホッブズが説いた「自然状態」＝「闘争状態」とは異なる「自然状態」＝自然法が守られている限りでの「社会状態」であった、とロックが主張するような舞台へ時代は変わっていたのです。生産性の向上により、自己の財産が増大することは、まさに自らの労働を投下したものに所有権が確定するのだから、自然法を犯す、すなわち他者の私的財産を奪う行為は犯罪として罰する公的機関が、制度上、必要とされる政治社会の確立を意味するのです。

▣「欲望を停止する能力」と「法を知る能力」

ロックの「欲望を停止する能力」という人間の能動的能力は、政治社会が確立したのちの個々人の利益の追求とその享受の自由と、さらには、それを安全に維持できる社会での人間の能力を論じたものといえます。その議論はロックの『人間知性論』で著されているところです。

ロックは、先程述べたように、人間の行動を決定するのは遠い善（＝幸福）であるよりも、差し迫った「落ちつかなさ」＝欲望であるといっています。しかしながら、私たち人間は自らの「意志」によって自らの幸福追求の道程に立って、「自らが選ぶ善」、すなわち自らが望む真の意味での幸福を手に入れようと努力します。そのことがロックの主張する人間の内在的能力の発動としての「能動的能力」です。

もし、上記の内容が思い浮かばなければ、近い将来を見据えて、学生であれば、卒業後の就職を考えて自らの希望する企業名を思い浮かべてもいいでしょう。社会人であれば、そして独身であれば、結婚という人生最大のイベントの成功や、また持ち家を購入しようということを想像してみてはいかがですか。前者において、本当に就職したい企業はどこか、必要な資格は何かを考えれば、享楽的な学生生活に浸っているだけではその希望も叶えられなくなることはちょっと立ち止まれば分かることでしょう。また、後者において、結婚を控えている独身であれば、仲間付き合いが悪いということは重々承知の上で同僚との飲み会の回数を減らして、自らの伴侶と協力して結婚資金を蓄えようとするかもしれません。このように、私たちは自らの強い意志で、眼前の欲望を停止するというのが、ロックの人間の「能動的能力」としての「欲望を停止する能力」なのです。

これからお分かりのとおり、人間は受動的に外界の刺激を受けて、それへの対処方を選び、行動を決定したりします。その中には動物的・生理的現象から、すなわち単純な欲望に駆られて行動してしまうことも確かに多いのです。が、将来の自ら望む幸福（当然、私的利益追求も含まれます）を追求するために、自らに差し迫った欲望や誘惑を自らシャットアウトし、将来につながる行動を選択することを、ロックは強調するのです。その自らが望む将来の幸福を獲得し、保持できるものとするためには、当然、自らは他者からの侵害を受けないこと、もし自らが他者を侵害してしまったときには相手からリベンジされるということを認識することが必要ですし、相互的闘争を調停してくれる第三者機関の法的措置をも認める理性を持ち合わせていなければなりません。上記のように整った、すなわち秩序立った社会こそがロックのいう政治社会であり、『市民政府論』の中でも、次のことを述べています。

「人が英国法の下にあるとしよう。何が彼をこの法の下で自由にしたか。すなわちこの法の許す範囲内で、自分自身の意志に従って、自分の行動と財産を処分する自由を持つようにしたか。その法を知る能力、これである。」（『市民政府論』一九八三年、六二頁。傍線は引用者）

「法にしたがう能力をもっている生物にとっては、どんな場合にも、法のないところ、自由もないのだから。自由とは、他人による制限および暴力から自由であることであるが、それは法のないところにはあり得ない。自由とは、普通に言われているように、各人が自分の欲するところをなす自由ではない。」（同上、六〇頁。傍線は引用者）

さらに、ロックの次の見解も知っておきましょう。

「法を知りその規律に従って生活するだろうと想定される程度の理性を獲得しないとすれば、その者は決して自由人とは成りえず、決して自分自身の欲するままに放任されない。――なぜなら彼は自由の限界を知らないし、その適当な指導者である理解力を持っていないから――むしろ彼自身の理解力がその責任を引き受けることができない間は、絶えず他人の後見支配の下にあるのである。」（同上、六三頁）

「われわれは生まれつき理性を持ち、生まれつき自由なのである。ただしわれわれが生まれるや否や現実にこの二つを行使しているのではない。その一方をもたらす年齢は、同時に他方をももたらすのである。」（同上、六四頁）

少し順序は前後しますが、ロックの主張をまとめてみましょう。

ロックは、私たちに生まれつき理性と自由があることは認めているものの、私たち人間は赤ん坊のときからそれを行使することは不可能だといっています。ですから、両親の下で育てられ、幼稚園や学校という場で学習し、集団生活を送ることによって、私たちは多くの学びとルールの必要性を体感するといえます。ロックは二つの能力――「法を知る能力」と「法に従う能力」――が私たちを「自由」にするとしています。私たちはこれまでの生活の中で家庭であれ、学校であれ、ある一定のマナーやルールの下に置かれ、「法」のあり方を高度ではないにしろ学んできたのは確かです。もし自らが自由でありたいと望めば、法を犯すことは、すなわち、これまでにも述べてきたとおり、他者の自由（このときこの中に幸福というカテゴリーが当然含まれますが）への侵害が自らの自由を奪うものであるという予測は容易に成り立つはずです。「知る」という行為、「従う」という行為の間に、「予想」、「予測」、「推察」、「推測」という想像力が仲介していることはすでにお分かりでしょう。

想像力を鍛えるべく、私たちは多くの時間を教育に費やしていたはずなのですが、その教育の場が、想像力の種子という「学び」を削減し、あるいは放棄したことによって、子供たちの間での「いじめ」が増大していったといっても過言ではありません。いじめっ子は身体的にしろ、言語的にしろ他者への暴力がどのような意味を持つのか教えてもらえなかったし、教えてくれる大人がいなかったという現実があったことになります。社会人に至っても同様です。社会人＝大人とは名ばかりで、ロックが先に述べたように、年齢とともに醸成される理性が育つ場を与えられず、身体とのアンバランスを来たしたのですから、明らかに社会の縮図としての子供世界がそのまま大人世界（？）に移行してきたといえるのではないでしょうか（精神年齢は、年齢かける7掛け〔例えば、身体年齢二〇歳であれば、〇・七掛けて一四歳。そうだとすれば、成人式は三〇歳で挙行すべきということになります〕が現実社会だという論者もいます）。

安易な欲望感情だけの快楽的「共感」だけが先走りする世界。その中で、経済世界の欲望体系だけが肥大化してきたのは事実です。他者の立場に立てない、すなわち「想像的立場」の交換ができないのであれば、その人に善悪の判断ができるとは到底想像できません。想像力の欠落といいましたが、欠落ではなく、想像力を育む現場を私たちの社会は非効率的であるという名の下に削ぎ落としてきたのではないでしょうか。「非効率」を悪者にすることこそ、想像力のない人々の仕業であったといえます。

効率性が想像力を削いできた

■ 高度成長期の記憶

私の幼少から小学校時代が一九六〇年代ですので、まさに日本の高度成長期に合致すると思います。あらゆる経済的指標が右肩上がりで、それでいてまだ庶民の生活が豊かかといえばそうでもなく、「一億総中流階級」という言葉が意識される以前ではなかったでしょうか。日本の製造業は大躍進し、多くの人口を都市部へ集めました。また、会社家族主義的な風潮が色濃く、労働者の家族の福利厚生＝生活全般のすべてを企業がまるまる抱え込んでいたのもそのころが中心ではなかったかと思います。

ですから、私の幼少の記憶の中で、私自身の出身は田舎ですが、よく父親と一緒に某組合主催の釣り大会への参加や、企業対抗の父親の出場するレガッタや野球の大会を見にいった覚えがあります。その関係で、父親の同僚とおぼしき方々が私の回りに誰かしらいたのを子供心に覚えています。その点では、個人主義・実力主義・成果主義的な現在とは異なる空間＝異なるコミュニケーション社会

（村的共同体といってもいい）がそこにはあり、明らかに個々人の自由度・自己主張度は低かったかもしれませんが、互助的な補完的組織がそこにはあったものと思います。付言すれば、そのようなコミュニティにおいては仲間意識が強く、身内には優しく、外部に対しては敵対的感情を持っている空気があったのかもしれません。

さて、私は何をいいたいのでしょうか。高度成長期における日本経済の進展は驚異的で、その当時の父親世代は大袈裟にいえば、きっと「自らが日本を動かしている」、少々遠慮気味にいっても、「自らが会社・企業を動かしている」という感覚を持っていたでしょう。さらなる成長・発展が目の前に開け、その理想・目標を現実のものとするために、その時代では、さらなる生産性の向上や効率化が企図されたと思われます。

■ アダム・スミスは知っていた

ここですぐに思い出される書物があります。『大英帝国衰亡史』（ＰＨＰ研究所）の著者でもある中西輝政氏の『なぜ国家は衰亡するのか』（ＰＨＰ新書）の指摘です。この書物の刊行年は一九九八年であり、日本の失われた一〇年への反省——分析と検証——という意味で書かれたものです。したがって、現代日本という国家がいかに衰退してきたのかという内容とそれに対する処方箋が鮮やかに描かれています。

その中で、中西氏はトインビーの文明衰退論を取り上げて、「自己決定能力の喪失」を提示しています。トインビーの「ミメーシス（模倣）」議論の中で、文明の成長に伴う「機械化」、つまり効率化・能率化は物質的に豊かな社会を創ったわけです。しかし、その背後に「自動機械の奴隷になる文明」＝「マニュアル社会」や「システム万能社会」が抱える危機的問題があり、それ自身が「自動化の罠」だというのです。つまり、「自動化が何より高い評価を受けるようになると、柔軟性と自発性が失われる」のです。さらに悪いことに、国家の指導者たちもその罠にはまり込み、自己決定能力を喪失していくのです。中西氏もトインビーの言葉を引用しています。「指導者たちが、追随者にかけた催眠術に自分もかかってしまう」と。

上記の指摘は、私に瞬時にアダム・スミスの次の言葉を思い出させてくれたのです。その叙述こそ皆さんに後々お話をしようと考えている『道徳感情論』（第六版第六部）の中にあります。その箇所は次の文脈で登場します（研究者の間では、スミスの「体系の精神」批判で有名なのですが）。「体系の精神」は党派の騒動と無秩序の中では、もしその人が指導者であれば、彼らはつねに「国家基本構造をつくりなおし、統治体系をそのもっとも本質的な諸部分のいくつかにおいて変更することを提示する」でしょう。そうして、彼の指導する大きな党派に属している人々は彼らの指導者の雄弁さも手伝って、「この理想的な体系の想像上の美しさに酔わされる」のです。その後、スミスは次のように述べます。

「それらの指導者自身でさえ、もともと彼らは自分たちを増強することのほかには何も意図しなかっただろうにせよ、彼らの多くはそのうちに彼ら自身の詭弁の虜になって、彼らの追随者のうちのもっとも弱力愚昧な人々と同じく熱心に、この偉大な改革を追い求める。」（『道徳感情論』下、二〇〇三年、一四二頁。同書は以後、訳書上、下と該当頁のみを記す）

話をもう少しほぐしていきましょう。スミスは、党派抗争の中での国家的指導者が自らの理想的統治体系を多くの人々へ提示するのだといいました。そして、その体系・システムが人々に分かりやすいものであれば、彼らは容易に理解し、その指導者の企図を実現すべく支持・支援をしていくのです。その雰囲気の中で、その指導者は次のように考えます。自分の主張は多くの人々（民衆）に受け入れられた。そのことが彼の内に眠っていた自らの「最高度の傲慢」を引き出し、彼自らの判断を「正邪の最高規準」としてしまうのです。こうなってしまっては、まさに独裁的指導者の出来上がりといってもいいでしょう。スミスは次のように、そのような社会・世界では、個人の自由は省みられなくなることを警告しています。

「彼は、チェス盤の上の駒が、手がそれらに押しつけるもののほかには何の運動原理ももたないこと、そして人間社会という大きなチェス盤のなかでは、すべての単一の駒が、立法府がそれに押しつけたいとおもうかもしれないものとはまったく違った、それ自身の運動原理をもつということを、まったく考慮しないのである。」（下、一四五頁）

■ 産業用ロボットと接客マニュアル

話をトインビーの「ミメーシス」へ戻しましょう。スミスの議論との交わりをこれから述べます。中西氏が指摘するとおり、私たちの日本社会、否々、日本社会に限らず先進諸国においては、多くの産業場面で、とくに製造業を中心として、産業用ロボットが活躍し、生産性は飛躍的に伸びてきました。この産業社会における生産性は、まずは分業化によって効率化され、さらに手作業から機械化されることによって、よりその速度を倍加させていったのです。そして人々は多くの「骨折りと労苦」から解放されてきました。その過程の中での機械化の普及ということにもう少し焦点を当ててみると次のことが分かります。普及という作業は、例えば、ある産業用ロボットの図面が設計士の手によって描かれるところから始まります。一度完成した図面があれば、それをコピー＝ミメーシス（模倣）することによって、その設計図はどこへでも持ち運びが可能です。現代であれば、なおのこと、メールに添付して一瞬にして多くの希望者に送付することも可能です。その後、この設計図を入手した人々がその指示どおりの型を造ることから、各パーツが出来上がります。それを組み立てることによって、機械の発明された場所から隔たった地域でも先程のオリジナルな産業用ロボットがコピーされることによって、国境を越えての効率化がグローバルに展開されることになります。このことだけでも「ミメーシス」が生産性の効率化を超高速で押し進めたことが分かります。

一方、人を相手とするサービス業の世界ではどうでしょうか。例えば、あるファーストフード店などの接客を思い出してみてください。必ずといっていい程、店の扉を開けるなり、消費者としての、お客さまとしての私たちに対して、「いらっしゃいませ」、「ようこそ、〇〇へ」、「何にいたしましょう」、「こちらでお召し上がりですか」、「ポテトは如何でしょうか」等と、畳みかける言葉が店のスタッフの口から飛び出してきます。ご存じのとおり、彼らの大半が学生のアルバイトであったり、パート従業員の方々であったりするのです。彼らを即戦力として使いたい企業は、「接客マニュアル（アルバイト用）」を雇用した彼らに配付し、その指示・字句どおりに行動することを要求するのです。企業の人事部が雇用に対しての権限を持っていると思うのですが、その中で上記の「接客マニュアル」は考案され、冊子化されます。それを各ブランチに配置することによって、同一ファーストフード店における接客の質と機能性を画一化して、各社自らのイメージを作り上げています。調理場の行動パターンにおいても同じでしょう。アルバイト学生・パート従業員は、そのマニュアルどおりの語句・所作を覚えることによって、（さらに、にこやかな表情の指示も当然含まれていると思います）暖かく（?）お客さまを店内へ迎え入れ、次に用意されたオーダーへの台詞を覚えているまま繰り返すのです。

産業用ロボットの設計図と接客マニュアル、一見まったく異なったもののように見える二つの間に共通項をあなたは発見したでしょうか。機械設計士やマニュアル考案者によって作成された原型が複製されることにより、また、具現化・言語化される——このこと自体も模倣ということになるのですが――ことによって、様々な産業分野の作業の機械化や効率化が図られ、生産性のビッグバーン的な爆発的向上につながって、今日の私たちの繁栄があるといえます。

▣「体系的精神」の持ち主である私たち

とはいえ、私たちは予期せぬ事態に直面することがあるはずです。そのとき、私たちの社会は、産業は、サービスは本当に状況における適確な処置や対応をしてきたのでしょうか。その点はトインビーが指摘するように、「自動化」が「不断の柔軟性」を損ねているという警告にあたるところです。また、中西氏が述べるように、日本はその過程の中で急速に経済成長し、政界であれ財界であれ多くの指導者たちは、自ら模倣社会の大衆とともに不測の事態への処方箋を自ら見出しえぬ存在となってしまったのです。まさにそのことこそ、日本の衰退の原因であるのです。これこそ「自己決定能力の喪失」といわずして何でしょう。それに加えて、スミスが指摘したように、国家・企業リーダーは、自らの絶対的判断能力を過信して、他者のいうことに耳を傾けない「最高度の傲慢」の持ち主となったのです。スミスがその人物を「体系の人」と呼んで――一八世紀当時は、主権者である王侯たちをそのような危険人物の最たるものとしていたのですが――、警戒を怠らないように人々に注意を喚起しています。

ここでは、ディドロがダランベールとともに編集した『百科全書』の「哲学」の項目の中で、「体系的精神」を批判した箇所で、思わず私たちが自らの言動をも省みて苦笑してしまう記述を紹介しましょう。これは私たちが陥りやすい固執性の問題ともいえます。

「体系的精神を真理の進歩にこのように反するものとした理由は、何らかの真実らしさをもつ体系を構想した人々にその誤りを悟らせることは、もはや不可能だということである。彼らは、自分の体系を固めるのに少しでも役に立ちそうなものはすべて非常に大事に保持しておくけれども、反対に彼らは、自分の体系に対立するほとんどすべての異論に目を止めないか、でなければ、何らかの取るに足りない区別を設けて追い払ってしまう。彼らは、自分の仕事を惚れ惚れと眺めることで、またそれから得られることを期待している尊敬を当てにすることで、密かに自らを楽しませている。彼らは、自分の真実らしい意見がもっている真理の見せ掛けのみに心を奪われている。彼らは、この固定された見せ掛けを眼前にすえているが、自分の見解の他の側面——それは彼らの見解の誤りを暴くであろうに——を目を凝らして注視しようとしないのである。」（『百科全書』一九八八年、一八九–九〇頁）

■ 単純作業は人間を無知にする

さらに、近代の精神科医バーナード・マンデヴィルが『続・蜂の寓話』（一九九三年）の中で、日本の失われた時代の状況、つまり、これまでに大きな変化に曝されてこなかった日本型社会・制度・システムとその中で機能麻痺を起こし、創造性を失った官僚や企業家の無能さを指摘したような文面を読んでください（「はじめに」で述べた箇所と重なりますが）。

「いくつかの時代にわたって途切れずに続いてきた繁栄する都市の政治には、……ひとたび法や法令が技巧や人間の知恵のおよぶかぎり完璧に仕上げられるとき、機構全体は、時計を巻く場合と同じくほとんど技量を必要とせずに、ひとりでに動かされるだろうということだ。そしてたとえ賢人がいなくても、大都市の政治は、いったんりっぱな秩序ができあがると行政家はただ直感に頼っているだけで、かなりのあいだ申し分なく進みつづけるだろう。ただし、摂理が以前と同様に見守るように配慮してくれるという条件で。」（同上、三四二頁）

今日、より世界情勢という潮流は激しく、一秒後の出来事は予測不可能であり、それ以前とまったく様相を変えることがしばしばです。これまでのことをまとめてみましょう。

私たちの社会はマニュアル社会であり、企業内部での社員に課せられる様々な規定もそうであるし、アルバイトの多くの語句や所作もその中に含まれます。それはマンデヴィルが奇しくも先の叙述で示しているとおり、「摂理が以前と同様に見守るように配慮してくれる」という条件付きだったのです。私たちは、とくに産業革命以後、分業化・工業化を押し進めることによって、物質的豊かさを獲得しましたが、その一方で、資本主義市場経済が必然的に抱える格差社会等の諸問題にも今の私たちは直面してきました。

効率化が想像力を削ぐことを産業革命が本格化する以前に、分業体制の中に組み込まれ、自動機械化していく人間の危うさを看過せずに、教育の必要性を説いた人物こそがほかならぬアダム・スミスなのです。分業体制が整い、それに従事する労働者の一つの仕事の内容というのは単純化されていく。その作業の単純さが招く弊害を『国富論』第五篇の中で指摘しています。

「分業の発達とともに、労働力で生活する人々の圧倒的部分、つまり国民大衆のつく仕事は、少数の、しばしば一つか二つのごく単純な作業に限定されてしまうようになる。ところで、大方の人間の理解力というものは、彼らが従っている日常の仕事によって必然的に形成される。その全生涯を、少数の単純な作業、しかも作業の結果もまた、おそらくいつでも同じか、ほとんど同じといった作業をやることに費やす人々は、さまざまの困難を取り除く手だてを見つけようと、努めて理解力を働かせたり工夫を凝らしたりする機会がない。そもそも、そういう困難が決して起こらないからである。こういうわけで、彼は自然にこうした努力をする習慣を失い、たいていは神の創り給うた人間としてなり下れるかぎり愚かになり、無知になる。」（『国富論』Ⅲ、一九七八年、一四三頁）

私たち現代人もまた、どっぷりと欲望の多様化した＝それだけの分業が高度化・細分化・細密化した社会に幼少のころから慣れることによって、自らの人生においても、有効的かつ迅速・効率的に生きるのが人間としての生きかたとして妥当性を持ちうるかのように思い込んできたのではないでしょうか。ですから、デフレ・スパイラル時代の失われた一〇年の中での銀行の再編や雇用形態の変質は、私たちの社会のみならず、個々人の習慣化した生き方にもストップをかけたといえましょう。失業者のみならず、フリーターやニートの大量発生とその継続的増大は、とくに若い世代に「生きる」ことを自らの頭脳で考えることの必要性を真剣に示してみせている、という解釈もできなくはないと考えます。効率化追求が、私たちにとって一番必要な自らの判断能力＝想像力に裏打ちされた能力の形成を極端に妨げたのです。私たちは本来持っている能力を行使できず、人生を豊かにするはずの自らの諸能力に内在する柔軟性と創造性を醸成できなくなったのです。

「知りたい」という姿勢こそが「共感」を育む

前出の項で、私たちが「驚き」、「不安」の感情を抱くことが、自らを納得させるための中間的諸事象の必要を感じ、その中間的諸事象との結びつきを考えることから、想像力のあり方を見ました。確かに、私たちの「驚き」は、これまでに経験したことのない対象へ向けられます。その「驚き」という感情は不安を生みますが、一方では、非常に強い好奇心を生みます。まさに「なぜ」という問いの繰り返しの中で、その事物・現象への執着と愛着がさらに強くなるのです。この「なぜ」こそ、私たちが自分の関心を寄せるものへの「知りたい」という気持ちだと考えられます。

「なぜ、私はたこ焼きが好きなのか」という食分野へのありふれた問いでも構いません。「なぜ、地球は太陽の周囲を回っているのだろうか」というちょっぴり自然科学分野での問いでも構わないと思います。私たちは、自らが関心を寄せる、また自らが好むものへの好奇心が、さらなる知識の情報の集積を呼び起こすのです。「好きこそものの上手なれ」という諺がありますが、「好き」であるからこそ、心を動かされるからこそ、「なぜ」という疑問への解答追求の姿勢が深まるのです。

では、共感の対象としての人間はどうでしょうか。例えばあなたが思いを寄せる人物がいたとして、あなたはその人の容貌を眺めるだけで満足しますか。決してそのようなことでは納得しないでしょう。もし、あなたがその人の名前すら知らなかったとしたら、あなたは知人や友人を通じて、その人の名前を知りたいと切に思うでしょう。さらに、名前を知った上で、その人の趣味も気になってくるでしょう。そうして、その人の好きな音楽は、食べ物は、愛読書は何かというように数えれば切りがないくらい多くのことを入手したいと思うようになるかもしれません。その人への思いが積み重なってゆき、「恋」という感情を自分の内に見つける自分に気づくことになるかもしれません。そうなると、私たちの恋心は、自分の思いをその相手に伝えようという切羽詰まった感情を持つようになるでしょう。

ここで、面白い話を思い出しました。それは古代ギリシアのアリストテレスの『ニコマコス倫理学』に出てくる話なのですが、だいたいの内容は次のようなものです。

人に好意を抱くことは誰でもできる。しかし、人を愛することは難しい、と。なぜかというと「好意」とは人を慕い思う気持ちであり、誰でも持つことができるが、「愛」と呼ぶものは、自分が相手を思う気持ちと相手がこちらを思う気持ちが相互に分かり合っていて、そのお互いが相手の幸福を望んでいる状態であると、アリストテレスはいうのです。これはまさに「愛」と「好意」の定義を私たちに説いている箇所なのです。このことから、現代のストーカーの心情を考察してみると、彼らの「私は○○さんを愛している」という言葉がいかにアリストテレスの「愛」からほど遠いかが良く分かると思います。ストーカーは相手の幸福について、さらに自らの心の内を相手に伝えていないし、相手はストーカーの気持ちなどまったく知らないことが多々あるからです。いかにストーカーが独りよがりで、自己中心的思い込みの世界の住人であるかは明らかでしょう。本当の「愛」を育めないストーカーの「知りたい」という姿勢は、相手のことを配慮できない＝想像できない傲慢さを肥大化させた結果であるといえましょう。彼らの度を越した行為が社会的存在としての人間の許せる範囲を越えていることは明白です。彼らは他者へ「共感」できない人種であるといえます。

「愛」はアリストテレスが述べるごとく、相互の幸福を思いやるという共感の結果成立するものなのです。この「愛」には、「知りたい」という個別な感情が他者とクロスオーバーすることによって、すなわち相互の感情交流が他者存在を認識するとともに、共存できる空間（＝よりよい状態）を構築していこうとするお互いの意志がはっきりと現れていると思われます。

さて、私たちは、いよいよ、アダム・スミスの『道徳感情論』の中のスミスの気持ちを探り、彼の言説が、現代社会においてどのように生きるのか、また、解釈の幅を少々広げることによって、スミスの気持ちから現代の諸問題を眺めるという作業をしていきたいと思います。「スミスの気持ち」は、現代を解く鍵としての役割を果たしうるのでしょうか。

近代の先駆者たち――近代市民社会的人間について――

スミスの「同感の原理」、すなわち、スミスの気持ちをお話ししていく前に、これだけは読者の皆さんにお伝えしておいた方がいいでしょう。その内容とは、近代イギリス経験論の系譜の中における、また、近代国家社会成立期におけるイングランドならびにスコットランド両国の思想家の歴史的位置についてです。

まず、皆さんがすぐに近代国家形成期で、とくにイギリスという土地で最初に思い出される人物といえば、絶対主権国家成立思想を説いたホッブズではありませんか。そのホッブズを先頭として、ここではその後の契約論の系譜におけるジョン・ロック。さらには、ロックの弟子の第三代シャフツベリ卿（彼こそ、社会思想や美学の研究者の間では有名人なのです。さらに、「道徳感覚学派〈モラルセンススクール〉」の創始者なのです。後ほど、その中身もお話ししましょう）。そして、シャフツベリの思想を継承したアイルランド出身で、グラスゴウ大学教授となるハチスンを経由して先の「道徳感覚学派」的発想はスコットランドの地で、ヒュームやスミスに影響を与えることとなるのです。上記の思想家の考え方を概観していきましょう。

■ ホッブズ

では、最初に、ホッブズとロックという社会契約説の彼らの考え方＝思想の内容からかい摘んでお話をしていきましょう。

通常、ホッブズといえば、彼の想定した自然状態の中で人間は「万人の万人に対する闘争状態」となり、個々人の自然権が相互に行使され、自らの生存権を守るために、他者を死に追いやるということが想起されます。さらに、そのような個々人が、自然法を自らの理性を働かせることにより、同時即時的に自らの自然権を放棄することにより、その上に国家（リヴァイアサン）という主権＝国家人格を設立することによって、自己の生命の維持を図っていこうという内容でありました。

ホッブズはご承知のように、人間本性を「高慢（プライド）」であると規定しています。だからこそ、彼自らの当該書のタイトルを『リヴァイアサン』としたのです。このタイトルに纏わる説明は同書第二部「コモンウエルスについて」第二八章「処罰と報酬について」の最後の段落に明らかにされているところです。ホッブズは次のように語っています。

「私はこれまで、人間（かれの高慢およびその他の諸情念が、かれを強制して、みずからコモンウエルスに服従させた）の本性を、かれの統治者の大きな力とともに、述べてきた。後者を私は、リヴァイアサンに比し、その比較をヨブ記第四十一章の最後の二節からとってきた。そこにおいて神は、リヴァイアサンの大きな力を述べて、かれを高慢の王と呼んでいる。『地上にはかれと比較されるべきなにものもない。かれは恐れをもたないようにつくられている。かれはすべての高いものを見下し、あらゆる高慢の子たちの王である』と神はいう。」（『リヴァイアサン』㈡、一九九二年、二三七−八頁）

ホッブズが述べるごとく、人間とは高慢な存在であることが分かります。さらに、それを決定付けるのが、同書第一部「人間について」第一三章「人類の至福と悲惨に関するかれらの自然状態について」の近代人の定義で有名な箇所です。近代人とは「諸能力において平等」であるわけです。ですから、前近代における階級的ヒエラルヒーに制約された人間区分ではなく、まさに、平等な個人の存在がここに明白に宣言されています。そして、能力が平等であるからこそ、ホッブズは次のように続けます。「ほとんどすべての人は、自分が大衆よりもおおきな程度の賢明さをもつと、思っているのである」と。さらに、「自分たちとおなじく賢明なものがおおくいることを、なかなか信じたがらないのが、人間の本性なのだ」と語ります。加えて、その能力の平等が「希望の平等」を生み、その希望の平等が「同一のものごと」を獲得したいと欲したとき、あの有名な「戦争状態」が導かれることをホッブズは述べるのです。

ここで、私たちの現代との相違ということで一つ確認すれば、現代の私たちは、希望の平等という点では恵まれています。すなわち、物質的豊かさにおいて、同一のものはそれ自身沢山あるわけです。したがって、私たちは希望の平等を持っていて、なおかつ獲得の平等も手にしていますから、ある財・サービスをめぐって闘争を繰り広げることはないといえましょう（ただし、オークションにおけるプレミア品は事情が異なりますが）。ホッブズの時代においては、いまだ生産性の明確な議論がなされていなかったのです。

さて、ホッブズはそのような人間の本性の中に三つの主要な争いの原因のあることを提示します。それらが「競争」、「不信」、「誇り」なのです。高慢で平等な能力を認められた個々人は、競争の中で利益を求め、完全な身体的安全を確保するために、自らの中にふつふつと浮かぶ他者への不信を払拭しようと、さらに自らの誇りを守り、自らの存在を誇示しようと他者存在を気にするのです。戦争状態では、「継続的な恐怖と暴力による死の危険」の中に己の身を置くことになります。ここで、ホッブズは、個々人の「死への恐怖」という感情が働き、理性が自然法を発見すると述べて、契約社会への叙述に入るわけです。ホッブズにおいて、個々人相互は、もし自らの生存権が犯されるとなると、すぐさま敵対的存在になりえたのです。

■ロック

次にジョン・ロックの契約説はどのようなものだったのか。ここでも簡単に触れておきたいと思います。

ロックはホッブズと異なった自然状態を想定しています。それは人間は理性的であり、自然法を守って疑似社会的に暮らしているという状態を『市民政府論』の中に描いています。では、どのようにロックの描いた自然状態で争いが起こるのでしょうか。それは、自然法を犯す者の出現によって、自然状態における自らの自由・健康・身体・財産が危険に晒されるからです。そして、共通の上長者のいない環境では、自然法の執行は各人の手に託されているので、「この法に違反する者を、法の侵害を防止する程度に処罰する権利を各人がもつ」ことになり、この「完全な平等の状態」こそが社会状態＝契約社会へ向かう契機となるわけです（『市民政府論』一九八三年、一三頁）。

ここで一点、ホッブズとの違いを指摘しておくとすれば、ロックの時代は、生産性に対しての明確な認識を持った時代に入っており、初期重商主義的な「一方の得は他方の損」というような同一のものを奪い合う場面はある程度解消されているのです。それに加えて、個々人が自らの労働によって、財産を獲得・増大させる機会は増えている時代です。ロックの神が労働を奨励している箇所（同書第五章「所有権について」）を挙げておきましょう。

「神は世界を人間共有のものとして与えた。けれども、神はそれを彼らのために、そうして、彼らがそこから生活の最大便益を引き出しえるように、与えたのであるから、それがいつまでも共有・未開墾のままであっていいと神が考えていたとは、想像されない。神は、それを勤勉怜悧なものの利用に任せた――そうして、労働がそれに対する彼の権限となるべきであった――のであって、争い好きな人々の気まぐれや貪欲に任せたのではない。」（同上、三八頁）

さらに、この労働の投下が個々人の財産を生んでいくことを説明します。

「だから神は土地の支配を命ずることによって、それだけ専有する権限を（人に）与えたのである。そうして、労働を必要とし、その働きかける原料を必要とする人間生活の状態は、必然的に私有財産を導入するのである。」（同上、四〇頁）

まさに、名誉革命（一六八八年）後の穏やかな時代は、商業社会における推進力としての中産階級の台頭――私的利益追求――の場と機会を、さらには、その財産を保障してくれる安全な国家的秩序を提供したのです。「国家においては、法が所有権を規律する」というロックの言葉がそのことを端的に語っています。次の彼の叙述が自然状態から脱却する契約社会の必要性と政府の設立を明確に提示しています。

「人間が、自分自身の事件について裁判するのは不合理である、利己心は人を自分とその友人とに対して偏らせる。しかも、他方においては、邪悪な性質、感情および復讐心から、他人を罰する時には厳しすぎるようになるだろう。かくして錯綜と混乱を引き起こすに相違ない。それゆえに、神は、人間の偏りと暴力とを抑制するために政府を設けたのである、というのである。私は、市民政府が、自然状態の不都合に対する適切な救済策であることは容易に承認する。」（同上、一八―九頁）

ロックにおいても、ホッブズと同様に、人間の理性が法の存在を知り、その法に従う能力として明確に指摘され、法の下で私たちの「自由」は拡大し、法のない所に自由はあり得ない旨、強調するのです。契約における法治国家と政府の設立の必要性をロックの言葉を通して僅かですが、確認できたと思います。

■ シャフツベリ卿

実は、イギリスにおいて、人間が理性によって法を発見し、認識するという契約説の議論はひとまずここまでとなります。次に登場願うのは、ロックの弟子である第三代シャフツベリ卿です。シャフツベリは、多くの方にとって、馴染みのない名前ではないかと思います。ロックとシャフツベリ家の関係は、初代シャフツベリ（アンソニー・アシュリー・クーパー）にまで逆上ります。初代シャフツベリは名誉革命前にホイッグ党を率いる政界の大立者でありました。そのころ医者であるロックが彼の命を救ったことがきっかけとなり、彼はシャフツベリ家の主治医となり、第三代シャフツベリの教育を任されたのです。したがって、第三代シャフツベリがロックの教え子である以上、ホッブズ、ロックと流れる社会契約説が継承されてもおかしくないのですが、かのシャフツベリは『人間・生活様式・意見・時代の諸特徴』（一七一一年）を著すことによって、彼の先駆者たちの近代社会の人間本性観と社会のあり方に「否」を唱えたのです。

シャフツベリが主張するには、ホッブズ的人間像、すなわち闘争する人間たちは現実にはいないというのです。シャフツベリは人間の善、すなわち性善説を信じていたといってもいいでしょう。また、そのことが、宗教的戒律からの人間の自立、すなわち、人間自らが己の行為規則を形成し得る存在であることを彼は明言したことになります。したがって、シャフツベリは倫理を宗教から解放し、自立させたという研究者の見解も聞かれるところです。では、その中身はいかなるものであったのか。

シャフツベリは人間本性の中に、「道徳感覚（モラルセンス）」を見出すのです。この感覚の根幹にあるのが、「美的感覚」です。私たちはある対象を眺めたとき、そこに「調和と均衡」を体感するでしょう（確かに、現在では、抽象画などの非常に独自色の強いものもありますが、今は考えないでください）。例えば、日本人が春に桜、夏に向日葵、秋に紅葉などの四季折々の花と色を愛でるとしましょう。この四季が一年という期間の中でうまく割り振りされていることを、私たちは自然なことであるとあまり気に留めませんが、シャフツベリにいわせれば、この四季こそが宇宙体系の調和と均衡を表しているということになるでしょう。それぞれの季節にそれぞれの気候に合う野草があり、季節という器に花の美的・情緒的マッチングを私たち一人一人が感じていることこそ、シャフツベリが述べるように、「美」的感覚能力を以て私たちが生まれてきた証拠なのです。

さらに、この「美的感覚」が「正邪の感覚」につながると彼はいいます。「美」を知っているということは、私たちは「醜」も感じることができるということです。例えば、冬に蝉を想像できますか。私たちは瞬時に、「あり得ない」と思うでしょうし、折れて朽ちている花を美しいという人を見たら、やはり違和感や奇異さを感じるはずです。私たちが美と醜を感じること、すなわち、美しさという調和と均衡がとれた対象への高い評価は、翻って、周囲と調和のとれない不均衡な対象への評価は低いものとなります。このことは取りも直さず、人々の行為においても直覚できることになります。ですから、電車内で老人に席を譲るという行為は人々に了解・是認されるものであり、他者の財布を盗むということは否認される行為としての醜さをその中に私たちは見るのです。

ここでは、『蜂の寓話』(一七二三年)を著したバーナード・マンデヴィルの「社会の本質についての考察」論文の冒頭を紹介することで、当時、とくに一八世紀を挟む時代の人間本性把握の相違を眺めることができます。

「ほとんどの道徳家や哲学者は、自己抑制のない美徳などありえない、とこれまで意見が一致してきた。だが、識見ある人々によっていまよく読まれている、最近亡くなったさる著者は逆の意見をもち、人間は我が身に苦労とか無理を強いることなしに生まれつき有徳である、と考えている。

彼は人間に善意を求め期待しているように思われる。……この気高い著者は（というのも『人々・風習・意見と時代についての特徴論』の著者シャフツベリ卿のことをいっているからだ）、人間は社会のためにつくられているのだから、自分もその一部をなす全体のやさしい愛情と、その福祉を求める性向をもって生まれてくるはずだ、と思っている。こうした想定に従い、彼は公益をめざしてなされた行為をすべて美徳といい、そのような考慮がまるでない利己心をみな悪徳と呼ぶ。」（『蜂の寓話』一九八五年、二九七頁）

シャフツベリ以前においては、人間は強い欲望や諸感情に行為を強いられる存在であり、それらに対する自らの自己抑制的行為が有徳（＝良き行為として他者から評価されるもの）であると、いわれていたわけです。しかし、上記のとおり、また、すでに概観してきたように、シャフツベリは人間本性に「道徳感覚」を認めることによって、ホッブズやロックの仮設的自然状態からの政治社会設立のため相互に契約を取り結ぶ理性的人間像を脇へ追いやったのです。したがって、シャフツベリ的社会における人間個々人は相互に「道徳感覚」を持っていることによって、自然と社会的規範を認識し、それを守り、生活しているのです。シャフツベリ自身は、「羊のようにおとなしく」という表現をしている箇所がありますが、彼の社会的愛着を持った共同体的人間とその社会像は統一的・調和的世界として、私たちはそこに穏やかな環境を見て取れます。彼の議論の中で、「同感の楽しみ」と述べているところなど、他の人々と心を同じくすることで、私たち個々人の内側から湧き上がる社会的生物としての快さを示しているのではないでしょうか。

■ マンデヴィル

さて、以上のようにイギリスにおける人間本性の把握は、当然のように、時代的環境に大きく影響を受けるのですが、先に名前を挙げたマンデヴィルの人間の捉え方こそ、当時の重商主義的社会、さらには産業革命へ流れ込んでいく時代の中で、必然的に産み落とされた人間像ではなかろうかと思います。

マンデヴィルは、もともとオランダ人ですが、ヨーロッパ遊学の果てに、ロンドンが自分の性分に合っていると感じ、イギリス人の妻をもらい、帰化し、ロンドンで開業医をしていた人物です。先程、提示した『蜂の寓話』こそ、ジョン・メナード・ケインズの『雇用・利子および貨幣の一般理論』（一九三六年）で取り上げられ、ケインズ自らが自分の発想の源であることを語っている経済思想史上、重要な書物なのです。

マンデヴィルの人間本性と社会に対しての考えにもある程度触れておきましょう。

マンデヴィルは、「シャフツベリ卿とわたくしの体系ほど相反するものはありえない」と述べて、次のように、彼自身の人間像と商業社会の発展を結びつけています。

「人間の善良で温雅な性質は、彼をほかの動物よりも社会的な生き物にしてくれるものではないということだけでなく、いわゆる自然的な悪でもあり、道徳的な悪でもあるものの助けがなければ、多数の人間を人口稠密で富裕で繁栄する国民に高めるのも、そのように高めた場合に彼らをその状態に保ちつづけるのも、まったく不可能であろうということを、読者に納得させるのが目的である。」(『蜂の寓話』一九八五年、二九八頁)

マンデヴィルは、当時の道徳的厳格主義に対する批判も込めて、「自然的な悪でもあり、道徳的な悪でもあるもの」という表現を使っています。当時の道徳家が非難する生活態度である奢侈的生活をマンデヴィルは肯定するのです。「奢侈」という言葉でピンとこなければ「贅沢」と置き換えて考えてみてください。私たちはいつでも自分の生活を豊かにしたいとか、今の生活水準を維持し、できればもっと上げたいとか、他の人が持っていないようなブランド品や限定品を持ちたいと思うでしょう。そのような欲求こそが、個々人の利己心にあり、商業社会発展の原動力となっていることをマンデヴィルは明らかにしたのです。

しかしながら、彼の捉える人間は自ら意志を持って社会を形成する能力に欠けていたといえましょう。もともと自負や虚栄心で動いている人間を、マンデヴィルは「人間ほど社会をつくるのにふさわしくない動物はこの世にいない」(同上、三一九頁)と述べています。したがって、そのようなホッブズ的高慢の子である人間社会をまとめるためには、公共精神を真に持っている代々の政治家たちによって、大衆の自負心をうまく管理――良い行為＝「名誉」なこととして褒め、悪い行為＝「恥」を自覚させる——することによって、社会的道徳の基礎ができたのだ、とマンデヴィルは指摘します。「美徳とは追従が自負に産ませた政治的な申し子である」とマンデヴィルは主張し、社会を次のように捉えています。

「社会ということによってわたくしが理解しているのは、人間がはるかに強い力で押さえつけられるか、説得によって野蛮な状態から引きずりだされるかして、他人のために働く点におのれの目的を見いだせる訓練された動物となり、かつまたある支配者とかそのほかの形の政治の下で、各成員が全体に資するようにされ、みんなが巧みな管理のために一人のごとく行動させられる政治体である。」（同上、三一九頁）

マンデヴィルにとっての人間本性内の悪徳は矯正されうるものとして理解されていたといえるでしょうし、社会形成への動機においては個別の人間の欲求は弱いものであったといえるでしょう。

■ ヒューム

次に、スコットランド啓蒙思想の二枚看板——デイヴィド・ヒュームとアダム・スミス——のひとりである彼の人間像と社会像を掴んでおいた方が、後のスミスの気持ち＝スミスの主張の歴史的位相が鮮明に読者の皆さんに届くものと思います。

スミスの友人であり、先輩であるヒュームは世界的に哲学者として有名ですし、同時に『イングランド史』を著した歴史家として、古典経済学の父であるスミスよりも知名度はあるといっても過言ではないでしょう。

まず、彼ら二人に共通する人間本性考察のスタンスは、基本的に本性の中に利己心と利他心を認めているという点です。さらに、「同感（＝共感）」というキーワードを社会形成原理の核に据えているということです。

利己心について、ヒュームは次のように『人性論』第三篇第二部「正義と不正義」についての箇所で、これまでの論者の主張の行き過ぎを批判しています。

「利己的性質については、一般的にいって、これまであまりに極端に説明され過ぎてきた。そして、ある哲学者たちが人間のこの点について大いに楽しんでする記述は、寓話や空想物語であろう。怪物の説明と同じように、本来の姿から離れているのではないかと、私には感じられる。人間が何かあるものに対して、自分自身に対する以上の愛情を持たないとは思われない。それどころか、私の考えによれば、自分自身よりも他人をずっと愛する人々に出会うことも珍しいけれども、また親切な愛情を全部まとめたとき、利己的愛情全体を超過しないような人に出会うことも珍しいものである。」（『人性論』四、一九五二年、五八–九頁）

そして、ヒュームは、私たちの人間本性は利己心と「限定された寛容さ」を授けられているとします。後者の、つまり「限定された寛容さ」は端的に述べれば、利己心は自らの保存と自らの利益追求に関心の的はありますが、その次に自らが愛情を注ぐ対象ということで理解できます。例えば、自分の家族や友人など、自分に近しい人たちへの寛容さ＝愛着といっても差し支えないでしょう。このような「自然的愛着」の順序論は、スミスが『道徳感情論』でも詳しく述べているところで、私たちは、自分に一番関心があり、次に家族、友人、地域社会等、最後に国家というふうに関心の度合いは希薄になります。そのことは、見ず知らずの人への無関心とか、公共精神を育むのがいかに難しいかということからも自ずと分かるでしょう。

また、ヒュームが社会形成を考えるときに人間の本性として設定したのが、「共通利害の一般的感覚」です。ヒュームの社会形成論の核となる語句は「黙約」です。長い人類の歴史的経緯の中で、私たちは多くの慣習――ハイエク流に述べれば「自生的秩序」ということになるのですが、まさに社会共同体の必然的必要性の自覚を促すルール――こそがヒュームの「黙約」なのです。それを下支えするのが、私たちの「共通利害の一般的感覚」であり、互いにその感覚を持っているからこそ、社会の有用性を意識するのです。とくに個人として、人間はいかに非力かをヒュームは指摘し、社会を形成することによって、協働して大事に当たることができることをまず上げます。次に、人間独りではすべての事柄を完璧にこなすことは不可能であるので、分業化＝専門化することによって、各分野の完全性を追求できる旨を示し、さらに、治安が良く、自らの財産の維持と増大が保障されうる環境整備が多くの個々の才能と社会的機構を作ることによって達成されうる旨、ヒュームが提示しているところです。

ヒュームが「この有利さに人々が気づくことも必須である」と述べるように、私たちは「共通利害の一般的感覚」を働かせることによって、社会構築後における利己心のさらなる追求の場ができることを自覚するのです。同書当該箇所で、ヒュームは次のようにまとめています。

「社会の全成員が結ぶ黙約によって、上述のような〔不安定な〕物財の所持に安定性を賦与し、各人が幸福と勤勉とによって獲得できたものを平和に享受させておく、という途である。このようにして各人は、自分が安全に所持できるものを知る。そして、情緒の偏頗な互いに矛盾する運動は抑制されるのである。」（同上、六二頁）

「情緒の偏頗な互いに矛盾する運動」というのは、個々人の財産の安全な享受を侵害しよう、奪おうという行為と思っても構わないでしょう。このようにヒュームは、正義の徳の誕生と公共的利益＝社会体制の維持への関心が自ずと自己の利害に関わってくることを次のように述べています。

「人間の限定された寛容さと必要に迫られた状態とが、正義の徳を生む所以は、公共的利害にとっても各個人の利害にとってもこの徳が必須とされるからである。それゆえ、正義の法を確立させるものは、我々自身の利害及び公共的利害への配慮であった。」（同上、七一－二頁）

上記の議論で、ヒュームの個別的人間は利己的であるにもかかわらず、「共通利害の一般的感覚」を持っているので、すなわち、社会的有用性への共感が正義の法を生むことによって、良くいわれているように、ヒュームの利己心は「教育された」あるいは「洗練された」——そのこと自体、「社会化された」という言葉を使ってもいいと思うのです——利己心であるといわれる所以です。つまり、自らの利害を最大限にプラスに転化するためには、自らの求める利益の確実・自由な追求の場と享受が保障されていなければならないのです。その場こそ、個々の人間の共感＝「共通利害の一般的感覚」によって結ばれ、構築された社会という空間であり、人々の生活環境ということになるのです。個々人は確かに利己的であるがゆえに、その利己的側面をさらに膨脹させるために、自らが生存・生活している社会環境を維持していかなくてはならないという保守的な精神——当時においては重商主義的経済社会——もヒュームの考察の中で指摘されるところです。

ここまで、近代イギリス経験論、スコットランド啓蒙思想の大きな幹の部分を概観したのですが、この近代社会における人間像と社会像の完成者、否々、適確な論者として、これからアダム・スミスの主張するところ——思想であり、「気持ち」——を私なりに解き明かしていきたいと思います。

●引用文献

アダム・スミス『国富論』Ⅲ、大河内一男監訳、中公文庫、一九七八年
アダム・スミス『道徳感情論』下、水田洋訳、岩波文庫、二〇〇三年
アダム・スミス『アダム・スミス哲学論文集』名古屋大学出版会、一九九三年
ディドロ『百科全書』桑原武夫訳編、岩波文庫、一九八八年

ヒューム『人性論』四、大槻春彦訳、岩波文庫、一九五二年
ホッブズ『リヴァイアサン』(二)、水田洋訳、岩波文庫、一九九二年
マンデヴィル『蜂の寓話』泉谷治訳、法政大学出版局、一九八五年
マンデヴィル『続・蜂の寓話』法政大学出版局、一九九三年
ロック『市民政府論』鵜飼信成訳、岩波文庫、一九八三年

第二部 アダム・スミスの気持ち

――近代からの伝言――

『道徳感情論』が最初に刊行されたのは一七五九年で、スミス自身がまだグラスゴウ大学教授であったときです。そして、この書物こそ、彼自らの古典的名著で、経済学の書である『国富論』（一七七六年）以前に、人間行為原理をまとめたものです。それは、どのような人間本性がどのような社会を形成してきたのか、その社会形成におけるコアとしての個々人の「同感」感情を考察し、理想的な人間像とはいかなるものなのか等を追究し、さらには、その造り出された商業社会環境の中で、人間の諸感情・諸行為がどのような問題を生んできたのか（とくに、実践的商業社会における人間行為分析は同書第六版〔一七九〇年＝スミスの最晩年〕で検証されます）が議論されています。

したがって、『国富論』を担う経済人の行為の原盤が、『道徳感情論』の中で社会的存在としての人間行為論として、すでに解明されていたといってもいいでしょう。

さて、以下で、『道徳感情論』の内容をしっかり眺めていきましょう。

「同感」について

■ 他の人が気になる

『道徳感情論』の冒頭の段落は次のように始まります。

「人間がどんなに利己的なものと想定されるにしても、あきらかにかれの本性のなかには、いくつかの原理があって、それらは、かれに他の人々の運不運に関心をもたせ、かれらの幸福を、それを見るという快楽のほかには何も、かれはそれから引き出さないのに、かれにとって必要なものとするのである。この種類に属するのは、哀れみまたは同情であって、それは我々が他の人々の悲惨を見たり、大変いきいきと心に描かせられたりするときに、それに対して感じる情動である。我々がしばしば、他の人々の悲しみから悲しみを引き出すということは、それを証明するのに何も例を上げる必要がないほどである。すなわちこの感情は、人間本性の他のすべての本源的情念と同様に、けっして有徳で人道的な人にかぎられているのではなく、ただそういう人々は、おそらく、もっとも鋭い感受性をもって、それを感じるであろう。最大の悪人、社会の諸法のもっとも無情な侵犯者でさえも、まったくそれをもたないことはない。」(『道徳感情論』上、二〇〇三年、二三-四頁。同書は以降、訳書上、下と該当頁のみを記す)

スミスは、まず人間という生き物が利己的な存在であることを明らかに述べています。とはいえ、それだけが人間の本性ではなく、他の多くの情動（諸感情と考えてもいいでしょう）をもちうる存在であることを解き明かそうとしているのです。

私たちは自分以外の他者（この場合、見ず知らずの人でも、それができなければ芸能人でも思い浮かべてみるのもいいと思います）の運不運に興味を持つ一瞬があるのを経験したことがあるでしょう。例えば、街の道路であなたの横を歩いている人が転んでしまったときあなたならどうしますか。もしかすると、手を差し伸べて起こしてあげようと思うかもしれません。また、そこまではしないが、「大丈夫ですか」と声だけかけるのかもしれません。あるいは、声もかけないにしても、その人の転ぶ瞬間を目撃して、心の中で「あっ」と小さな声を上げただけであるかもしれません。また、芸能人であれば、大衆の話題の的であり、職場の昼食時のネタとして、彼ら芸能人のニュースを何気なく耳にしていることも少なくありません。

これが私たちの地域社会ではどうでしょうか。さらに、知人や友人であれば、極端には自分の家族であれば、いかに自分自身とは異なった別存在とはいえ、決して無視することはできないはずです。私たちは他者の一挙手一投足を、いつもではないにしろ、少なからず関心の射程に入れていることが分かります。私たちは相互に影響力を及ぼし合う社会的存在として、必然的に他者を意識しているのです。

■ 想像力——同胞感情の源泉——

さらに、私たちは他の人々の感情を見る——表情、動作等——ことによって、同じ感情を自分の心の中から引き出すと、スミスは指摘しています。私たちの経験から、次のことは明白でしょう。あなたの友人の誰かが悲しんでいるとしましょう。あなたは、その人に対して、笑顔で話しかけますか。決してそんなことはしないでしょう。あなたは、確かに少々戸惑いながら、怪訝な顔で、悲しいという感情ではないにしても、「どうしたの?」と声をかけ相手を気遣うはずです。一方で、友人が笑顔でいるとすると、その人が喜んでいる理由は分からないとしても、私たちもニコニコと明るい表情で挨拶を交わそうとするはずです。

スミスはこのように、私たちの諸感情は他者の諸感情に同調する何かを持っていることを同書の冒頭に挙げたのです。今の私たちにとっては、至極自然で当たり前過ぎて、意味を持たないように感じられる方もいるかと思いますが、この他者への少なからぬ関心が私たちの社会形成の第一歩であることは確かでしょうし、スミスは看過せず、強調するのです。

この段落の後で、私がすでに触れてきた「想像力」について、スミスはその能力の機能を明らかにします。

「我々は、他の人々が感じることについて、直接の経験をもたないのだから、かれらがどのような感受作用を受けるかについては、我々自身が同様な境遇において何を感じるはずであるかを心に描くよりほかに、観念を形成することができない。……そして、かれの諸感動がどうであるかについて、我々が何かの概念を形成しうるのは、想像力だけによるのである。その能力も、このこと（兄弟が拷問台上にあること）について我々を助けうるのは、もし我々がかれの立場におかれたならば、我々自身の諸感動はどうだろうかということを、我々に提示するよりほかのどんな方法によってでもない。我々の想像力が写し取るのは、かれのではなく我々自身の、諸感覚の印象だけなのである。想像力によって我々は、我々自身をかれの境遇におくのであり、……ある程度かれになって……程度はもっと弱いが、まったくそれらの感動に似ないものでもないものを、何か感じさえするのである。」（上、二四–五頁。傍線と（　）内は引用者）

スミスのここでの事例は、兄弟が拷問台の上にあるという特殊ケースで説明しているのですが、このような感動が、他の人々の悲惨に対する私たちの同胞感情の源泉であり、「我々が受難者と立場をとりかえることによって」、すなわち当事者が感じていることを想像力によって私たちが心に思い描くことは十分に明証的であるといえます。私たちの日常生活における事故の現場、あるいは包帯をした怪我人の姿を見るだけでも私たちは暗い気持ちになり、もし似たような経験があり、怪我をしたという痛みを強く覚えていたとすれば、事故に遭った方々の肉体的・精神的苦痛を自らの想像力によって、同じ感情を自分の内に引き出すことでしょう。このような事象もスミスが述べなくとも、私たちは現実に経験しているところのはずです。

さらに、スミスの筆は、フィクションの世界である物語の登場人物へ私たちが感情移入するところを指摘しています。物語中の中心人物の幸福への喜びや、主人公に対する不実な裏切りへの憤慨が、私たちの気持ちに湧いてきます。ここでもスミスの述べてきた、想像力の機能＝想像的立場の交換や移行とその諸感情の結びつきを、私たちは確認できるところです。

「他人の悲惨や歓喜にたいする我々の同感でさえも、我々がそのいずれかの原因について知らせられるまでは、つねにきわめて不完全である。受難者の苦悩以外のなにものも表現しない一般的な嘆きは、大変強い何か実際の同感をつくり出すよりも、かれに同感しようというくらかの気持ちとともに、むしろ、かれの境遇を調べようという好奇心をつくり出す。」（上、三一頁。傍線は引用者）

スミスは上記のように、他の人々の悲しみや喜びへの私たちの同感が引き出されるにしても、その原因を私たちが本当に分かるまでは完全なものではないと、述べています。ですから、私たちは他者へ同感しようという気持ちが強くなったら、「なぜ」彼は悲しんでいるのか、あるいは喜んでいるのかの原因を探ろう――「知りたい」＝好奇心――という気持ちが湧いてくることをスミスは指摘しているのです。「同感は、その情念を考慮してよりも、それをかき立てる境遇を考慮しておこるのである」（同上）とスミスがいうところです。

相互的同感の喜びについて――私たちは互いに同じ感情を持ちたい――

次のスミスの発言をあなたはどれだけ即座に、理解できますか。

「同感の原因が何であろうとも、また、それがどれほどかき立てられようとも、我々の胸のすべての情動について、他の人々のなかに同胞感情を観察すること以上に、我々を喜ばせるものはない。また我々は、その反対の外観によって受けるほどの衝撃を、けっしてほかに受けることがないのだ。」（同上、三六頁）

スミスは上記の箇所の後に、ある人物が人々の気を紛らわせようと冗談をいったとき、その人物が同席者の様子を観察している情景を描いています。当然、その人物の冗談に同席者が呼応して笑わなければ、彼は悔しく思うし、反対に、笑ってくれれば彼にとっては快適な場となります。このような経験は、私たちにも一つや二つあるはずです。下らない冗談だと自分では分かっていても、それに合わせて笑ってくれる。あるいは、関西風に突っ込んでくれるのであれば、私たちはその反応や表情を観察することによって、満足感を感じるのは間違いありません。しかし、もし、失笑、無視されるとすれば、その場の雰囲気を「寒く」してしまい、私たちは赤面してしまうかもしれませんし、自分の行いに対して、後悔の念を強く持つでしょう。したがって、スミスのいうように、「他の人々の中に同胞感情を観察する」ことによって、換言すれば、私たちが自らの行為に対する他者の感情反応を確認することによって、自らの感情や気持ちの中に快適さを見出すのです。

さらに、スミスは、他の人々の感情の反応を私たちが観察することによって、自らの感情が活気づけられることも示しています。スミスはある本や詩を自分だけで読んで、その書物の中に、すでに自らは楽しみを発見できなくなったとしても、仲間の誰かに自分がそれを読んで聞かせるとき、仲間の反応で自分が感じたように受け取っていることを感じたとき、自分の感情が活気づけられることを指摘しています。まさに、他者が楽しむのを眺めることによって、その楽しみがかつて自分が味わった楽しみであれば、その楽しみは他者と自分の感情の中に現れて、スミスのいう「楽しみへの同感」となるのです。すでにお分かりのとおり、その反対の反応を仲間が示すということになれば、「楽しみへの同感」は成立し得ず、失望という感情の領域へ入っていくことになるのです。

スミスは、「同感は、歓喜を活気づけ、悲嘆を軽減する」（上、三四頁）と述べて、確かに私たちは友人の喜ぶ姿を見て、自らの喜びとすることによって、より一層の喜びが増します。その一方で、悲嘆は友人に相談する、悩みを打ち明けることで、そのことが例え友人の同調を得られないとしても、悲しみという不快な感情を吐露することによって、気持ちを汲んでくれる友人が僅かであろうとも、同感してくれたと思うことによって、私たちは自分の抱えている悲しみや悩みが軽減されたという気持ち＝感情を持つのです。もし、あなたが今の状況の反対で、友人に悩みを打ち明けられる側であるとすれば、次のスミスの述べる言葉の意味がひとりの心ある大人（＝人間）として納得できるはずです。
「我々の仲間たちの歓喜に心を動かされないように見えることは、礼儀の欠如にすぎないが、かれらが我々にかれらの苦難を語るとき、深刻な顔つきをしないのは、本当のそしてひどい不人情である。」（上、四〇頁）
スミスは、私たちは「愛と歓喜」という快適な感情よりも、「悲嘆と憤慨のにがく苦痛」な感情を友人へ伝えて、その感情への同感こそが、私たちの慰めとなることを、さらに、そのような同感が私たちに必要であることを指摘しています。同感してくれる人々との交際にまさる喜びは他にないのです。

私の感情と他者の感情が一致するとは――是認の感情――

「主要当事者の本来の諸情念が、観察者の同感的諸情動と完全に協和している場合は、それらの情念は必然的に、この観察者にとって、正当、適当であり、情念の対象に適合したものと思われるのである。そして反対に事情をかれ自身のものとして考えた場合に、それらの情念がかれが感じるところと一致しないことをかれが見出すならば、それらはかれにとっては必然的に、不当不適当であり、それらをかき立てた諸原因に適しないものと思われるのである。したがって、他人の諸情念を、その諸情念の対象にとって適合的なものとして是認することは、我々がそれらに完全に同感すると述べるのと、同じであり、そして、それらをそういうものとして是認しないことは、我々はそれらに完全には同感しないと、述べるのと同じである。」（上、四三―四頁。傍線は引用者）

ここにきて、スミスは、行為者の諸感情が観察者の諸感情と一致するか否か、あるいは適合的であるか否かという状況を、「同感」的手法によって考察しています。ですから、観察者がある行為者の諸感情が自らの諸感情と適合的で完全に同感できるとき、「是認」することができるとしていますし、反対に、観察者が自らの諸感情と完全に同感できないときは、「是認」できない――否認――としていること自体、スミスは、私たちの同感という気持ちが単に快適な気持ちであったり、悲しみや苦痛の共有的気持ちや慰めの気持ちを感じるだけではなく、是非という判断基準をも含む感情であることを述べているのです。「すべての場合において、かれ自身の諸感情が、かれが私の諸感情を判断する規準であり、尺度なのである」と、スミスが指摘する背後には「経験」という蓄積があるというのです。

スミスは、「経験から」どのような冗談が私たちを笑わせるのかとか、どのような不幸がどの程度の悲哀をかき立てるのかということを学んでいるのだといいます。それをスミスは「条件的同感」と言い換えています。そのことから、私たちは次のことをわきまえているはずです。例えば、男性だけの酒席と女性を交えてのそれでは話される話題は大いに異なるはずです（そのことは逆の場合も起こり得るでしょう）。いかに男女平等だとか労働における機会均等だといったところで、場をわきまえた話題選択や酒席選択がなされるはずです。結婚披露宴のスピーチで「別れる」や「分ける」という言葉が場にそぐわないということ、通夜の席で故人を誹謗することがいかに失礼なことかは、これをお読みになっている読者の皆さんであれば、ご承知でしょうし、それらのことは「常識」といわれるでしょう。また、いかに若い人でも、自分たち仲間が楽しくカラオケをしているときに、友人の歌を貶すことはしないはずです（本当に下手くそといえども）。そのような事柄を、現在ではたぶん、「場の空気を読む」という言葉で表現しているかと思います。

スミスは、その私たちの「場の空気を読む」行動へ私たちの行為をかき立てる気持ちのことを、次のように話しています。

「たいていの場合に我々の感情が何に対応するかについての我々の先行の経験から引き出された一般的諸規則が我々の現在の諸情動の不適宜性を訂正する」（上、四八頁）

主要当事者と観察者

■　想像上の境遇の交換をする――観察者――

次のスミスの言葉を聞いてあなたはどう思いますか。

「観察者と主要当事者とのあいだに感情の何かの対応がありうるような、すべての場合においては、観察者は、何よりもまず、かれとしてできるかぎり、かれ自身を相手の境遇におき、受難者にたいしておこる可能性のある困苦のあらゆるこまかい事情を、かれ自身ではっきり考えるように努めなければならない。かれは、かれの仲間のあらゆる事情を、そのもっともこまかい付随物のすべてとともに、取り入れなければならないし、かれの同感の基礎である想像上の境遇の交換を、できるだけ完全なものとするように、努力しなければならない。」(上、五六頁)

スミスはこれまでにおおよそ次の事項を確認してきました。冒頭で、私たちはいかに自分と何ら関係のない人々へも関心を寄せること。相手の表情から私たちもその人が持っているであろう感情を引き出すこと。それ自身自らの想像力から相手の諸情動を推し量ること。その想像力にはその相手のことを良く知ろうという好奇心が働いていること。さらに、私たちは、他の人々の中に、自分が持っていると思われる同胞感情を見つけることで快適な感情も持つようになること。一方、その反対が、私たちに不快な気持ちを与えること。ある状況に同感できるか否かという場合に、私たちは経験法則的に、行為者としての他者の諸感情を自らの諸感情と照らし合わせていること。照らし合わせることで、私たちは、他者の諸感情が自分の特定の感情と協和できるものか否か——完全に一致できるかどうか——で、行為者の言動に対して是認できるものかどうかを判断する。

上記の発言において、スミスは確かにある行為者を見る場合に、観察者に注文をつけているのです。「かれ自身を相手の境遇に」置くこと、「あらゆるこまかい事情」を「はっきり考えるように努め」ること、と。さらに、スミスは「同感の基礎」として、「想像上の境遇の交換」を完全な形とするように、観察者は努めなければいけないことを付言しているところです。

私たちはこのスミスの主張について、すぐに「無理だよ」と反論するところでしょう。なぜなら、いかに努力したところで、たとえ詳細な事情が分かったところで、当事者と同じ気持ちになることは不可能であると身をもって知っているからです。ですから、私たちは何か非常に悩み煮詰まっているときに、友人にあるいは知人に話しかけられたとしても、何を考え込んでいるのかと尋ねられたところで、「君に分かりっこないよ」と素っ気ない返答をすることがあるはずです。その点では、スミスの頭の中にも次のような人類の性向の捉え方がありました。「人類は、生まれながら同感的であるとはいえ、他人にふりかかったものごとに対して、主要当事者を当然に興奮させるのと同じ程度の情念を、けっして心に抱くことはないのである」（上、五六頁）と。

▣ 当事者の努力――分かってもらいたい――

ここで、スミスが私たちに伝えたいことは、観察者の「想像上の境遇の交換」への努力ということだけではないのです。上記の苦悩しているような人間について、観察者も当事者の気持ちの壁を感じ取って、僅かながら彼の苦悩を察知して近似的な情念を持つことはできます。一方で、当事者も観察者が自らの感情へ歩み寄っている様子を感じ（私たちは同感的な存在なのです）、当事者としての彼は自らが抱えている苦痛や諸問題を相手に伝えようとすることによって（そのことが心的落ち着きを取り戻す手段であることは当然なのです)、自らの気持ちを観察者に分かってもらいたいという欲求へ変わっていくのです。そのことを、スミスは、「かれ(当事者)は、観察者たちの意向がかれ自身のそれと完全に協和することだけがかれに提供しうるあの救済を、切望するのである」(同上、五七頁)と指摘するのです。

これでお分かりのように、苦悩する当事者自らが誰かに助けられたい、別言すれば、完全に自分の気持ちを分かってもらいたい＝完全に同感してもらいたいと思うことによって、先に指摘された「同感は、歓喜を活気づけ、悲嘆を軽減する」という後者、すなわち当事者は自らの痛々しい感情が、彼を心配する人々によって癒され、自らが穏やかな気持ちを取り戻すことを経験してきているのです。

スミスの述べるように、私たちは、他者からの「救済」を実は待ち望んでいるのです(あなたもそうではありませんか)。だから、そのような当事者となったとき、私たちの激しい諸感情を「観察者たちがついていける程度に、低める」(同上)ことによって、同じことですが、「自分のまわりにいる人々の情動と協和する点まで」(同上)引き下げるという努力をしようとするのです。スミスは、観察者と主要当事者の双方がある適正な程度――そのことが行為の適正な水準をも示すといえます――に、諸感情をコントロールする自主的な行為(＝努力)を行うことを明らかにしているのです。

「このふたつの感情はあきらかに、社会の調和に十分なだけの相互の対応を、もつことができるのである。」(同上)

■ 社会と交際の場――絆――

「社会と交際とは、精神が何かの場合に不幸にも平静さを失ったとしても、それを取り戻すためのもっとも強力な救済手段」（上、六〇頁）であることを、スミスは指摘することによって、同感的な存在である私たちが様々な苦しみや悲惨な状態に遭遇しても、他者との絆のもとで立ち直ることができることを明言したといえます。

本当にスミスがいうような「社会と交際」が現代社会にあるのでしょうか。どなたかがそのような問いを発せられるかもしれませんね。私も、そのスミス流の「救済手段」に疑いを抱いてしまうひとりなのかもしれません。

さて、スミスは私たち（人類）が「観察者」という役割を担うことを当然視しているのかもしれません。「観察者」はある対象を自主的に注視する存在ですが、「傍観者」はある対象を目撃したとしても、自らとは無関係な存在として素通りしていく存在です。であれば、私たちの社会にどちらが多くいるかといえば後者でしょう。それは、できれば何事にも関わらず、自らの安全と利益追求のみをしていきたいという傍観者的利己主義であるといえるかもしれません。別言すると、傍観者的自己中心主義ともいえるかもしれません。とはいえ、今の世の中、もし、先程述べた傍観者が多数派を占めること自体、治安のよい、すでにあらゆる組織・体制・制度が整っている高度な文明社会であるという傍証になるのかもしれません。

私は、スミス以前の近代社会形成期の思想家たちの人間本性と社会観を第一部で概観したわけですが、社会的な存在としての人間が「同感」という感情レベルから、すなわち相互的感情交通における主要当事者と観察者の努力から行為の一般的諸規則が成立する旨は、すでに見てきたところです。人間は利己的であるにもかかわらず、他者の存在を気にかける。なぜなら、自らの環境を安定的に保つには、他者と共存しなければならないという自覚であり、何が自らの生活を脅かすものか、さらにはその生活（生命・財産・自由等）を犯すものへの嫌悪——否認の対象——を多くの人が認識しなければならないということです。多くの人々が同じ認識を持つということは、「同感」することにほかならないのです。

しかしながら、一方で、私たちの経済社会の一側面が感情抜きの社会であることは、スミスの次の叙述からも明らかです。

「社会は、様々な人々のあいだで、様々な商人のように、その効用についての感覚から、相互の愛情または愛着がなくても存立しうる。そして、そのなかの誰一人として、互いに何も責務感を感じないか、互いに感謝で結ばれていないとしても、それは、ある一致した評価にもとづいた、善行の金銭的な交換によって、依然として維持されうるのである。」（上、二二三頁）

私たちは、上記の貨幣を媒介とした等価交換社会の中では、慈愛や人類愛をもって参加していません。スミスのいうとおり、一人一人が市場取引を行う商人もどきの存在です。しかし、もし社会が成立していないとしたら、ホッブズ的闘争状態へ陥っていくことをスミスは先の言葉に続けて、下記のように主張しています。

「社会は、しかしながら、互いに害をあたえようと侵害しようと、いつでも待ち構えている人々のあいだには存立しえない。侵害がはじまる瞬間、相互の憤慨と憎悪が起こる瞬間に、それのすべての絆はばらばらにちぎられ、それを構成していた様々な成員は、いわば、かれらの一致しない諸意向の激しさと対立によって、まき散らされてしまう。」（同上）

この箇所は、スミスが道徳感覚学派的な利他的慈愛的社会形成論とは立場を異にすると指摘されるところです。さらに、ヒューム的な啓蒙された利己心、すなわち社会の有用性を認識する能力＝「共通利害の一般的感覚」からの社会形成論＝功利主義的社会形成論への批判を、スミスは同感の原理から正義概念を導くことによって明らかにしています。

■　憤慨に同感する――「正義」の誕生――

私たちが同感できる感情として、憤慨感情をスミスは提示します。

「憤慨は、防衛のために、そして防衛のためにのみ、自然によって我々にあたえられたように思われる。それは正義を保護するものであり、罪を犯さぬようにする安全保障である。」（上、二〇六頁）

「憤慨は不快な、情念である」（上、四〇頁）とはいえ、「処罰にあたいすると思われる人とは、……ある人または人々にとって憤慨の自然的対象である人であって、その憤慨というのは、あらゆるまともな人の胸が、躊躇なく受け入れ、同感するような憤慨なのである。」（上、一八二頁。傍線は引用者）

つまり、個々人の憤慨感情が処罰に値すると思われる人々とその行為に反応し、個別な憤慨感情が相互に同感する――共鳴する――ことによって、社会的正義は構築されると、スミスは強調するのです。早い話、私たちが自分の財産を盗まれたと思ってください。それも給料日から数日しか経っていない日、ＡＴＭから生活費を引き出されたということが起こるとすれば、当然、皆さんの気持ちの中に怒り（＝憤慨感情）が湧き上がってくるはずです。もう少し述べれば、怒りの対象は、当たり前の如く、大金を盗んだ犯人に対してです。ただし、私たちは盗むという行為が法で処罰されるから怒るのではなく、自らの物品を盗まれたという事実を知り、怒りとともに、なぜ人さまのものを盗むのかという感情が起こるはずです。あなたがそのことを友人に語ったとするとどうでしょうか。友人は、あなたの話を聞き、あなたの立場を察する（＝「想像上の境遇の交換」）なら、自分のお金が手元から他人に盗まれたことを想像してくれるとすれば、（あなたは友人に話すことによって、彼の気持ちの中に自分と同じ感情（＝同感）を期待するでしょう）盗まれたことへの同情と盗人への憤慨感情を表明するでしょう。

誰でも自分の所有権を侵害されて怒らない人はいないのです。「社会の、秩序あり繁栄している状態」とは、お互いにとって不快さの少ない、できればより快適な状態を維持したい環境です。憤慨感情は、上述の不快さの少ない、できれば少しでも快適な状態を維持していく上で、多くの人々の同感＝是認感情を得るために必須の感情といえましょう。社会機構が確立しているからこそ、あなたは警察へすぐに被害届けを出すことが可能なのです。私たちはスミスの次の説明へすんなりと入っていけるでしょう。

「個々人の幸運と幸福にたいして我々がもつ関心は、ふつうのばあいには、社会の幸運と幸福にたいして我々がもつ関心から生じるのではない。……諸個人にたいする我々の顧慮は、集団にたいする我々の顧慮から生じるのではなく、双方の場合に、それを構成するさまざまな個人にたいして我々が感じる個別的な顧慮から、集団にたいする我々の顧慮が合成され、つくり上げられる。……社会の一般的利害への関心からであるよりも、侵害をうけたまさにその個人への関心からなのである。」（上、二三一―二頁。傍線は引用者）

ここでまた立ち止まってください。先に私は、スミスのいう「観察者」が現代社会において「傍観者」ではないか、と述べました。さらに、現代人の多くを傍観者的自己中心主義者などと言い換えてみました。また、現代を文明社会であり、制度的に進歩した経済社会であることもいっておきました。スミスの生きた時代、すなわち近代商業社会もまた、「社会の、秩序あり繁栄している状態」にあったことは間違いありません。となれば、私たち現代人と変わりのない秩序と繁栄を享受している社会の形成原理をスミスは感情論的手法で解明しようとしていたといってもいいでしょう。まさに人間本性を掘り下げることによって、社会の形成基盤原理として同感の果たした役割を提示して見せたのです（後ほど、スミスが憂慮した社会状態にも触れることとしましょう）。

■「同感」を見つめ直そう

私たちの安定的な社会環境は、この法治国家であり資本主義経済社会で生活しているからこそ、「傍観者」でいられるということではないでしょうか。自らがあらゆることに注意を払わなくてもいい日常なのです。毎日、新聞が郵便受けに届けられる。通勤電車が定刻に駅に到着する。お昼にコンビニにいけばお弁当は購入できる。すべての事象が自然に存在するかのように、あらゆるものがオートマティカルに自分の周りに溢れているのです。その生活の中に、すでに指摘したＩＴ高度技術社会が産み落としたモノも違和感なく（？）入り込んでいるのです。もしかすると、現代人は機械たちと同様に、自動化された工程――組織・体制・制度――の渦中で、自分と関わり合いのある人以外は、互いに相手を無機物として捉えているのではないかと思えてならないのです。

物財に囲まれた生活環境で、面と向かい合う人間が介在しないとすれば、あるいは、携帯の向こう、パソコンの画面の向こうにたとえ相手がいるとしても、まず向かい合う対象が呼吸をしていないのであれば、私たちは人間同士という関係性さえも見失ってしまう事態に陥らないとも限りません。たとえ、人間同士として触れ合う機会があったとしても、塾という受験勉強をする空間、あるいは企業という四角い箱の中での特定の関係であるとすれば、やはり非常に狭い領域での同感（想像力と置き換えてもいいでしょう）しか育たないのではないでしょうか（現時点で、私は将来に極度に悲観的になっているのかもしれません）。

素の「同感」、「同感」の実像を考える上で、スミスの「同感の原理」を取り上げる重要性は、人間の本来性を見つめ直すということと同じではないでしょうか。まだ、私たちはそのことを再認識すれば、明るい未来へ向かって歩めるはずです。産業革命以降、工業化・高度化・情報化してきた社会とともに、洗練されるはずである人間の感情と精神が、マックス・ヴェーバーが指摘した宗教性の喪失や『武士道』で著名な新渡戸稲造が強く主張した道徳性（この中には、宗教的要素や徳性論も含まれるが）の復権への意欲にもかかわらず、どこか歪に退化した姿をさらけ出しているのはある意味否定できない現実ではないでしょうか。

道徳哲学とは

■自然科学は神の存在を証明する

次に、スミスの同感議論の中での近代社会の道徳性の腐敗を指摘した箇所を見ていきましょう。とはいえ、先に登場した「道徳」という言葉に敏感に反応する方もいらっしゃるでしょう。どうも、「道徳」とは説教臭いとか、哲学的で、当為の問題などを含んでいて、圧迫感があるという感想を持たれることもあるかと思います。ここでは、近代における「道徳（moral）」の概念を多少なりとも掘り下げてから、スミスの「道徳性の腐敗」に移ることとしましょう。

まず、近代における学問領域の分類としての大枠は、今でいう自然科学のことを「自然哲学（natural philosophy）」、そして人文・社会科学を「道徳哲学（moral philosophy）」としていました。私たちの学問体系のすべての包括領域は「哲学」であり、今でいう「科学」の概念にあたることはすぐにお分かりになるはずです。

さらに、「自然哲学」は近代において、多くの科学者――ここでは物理学者であるニュートンが著名ではないかと思いますが――が、神の存在証明として、自然の中の法則性を明らかにすべく研究に励んでいたのです。よくニュートン的経験科学的手法と呼ばれるときのキーとなる語句は「経験」と「観察」による実証的分析のことを指しています。より詳しく述べれば、人間は神の存在証明をするために、自然界における法則性を発見する、その普遍的法則の存在を確定できることが、神が私たちの世界を創造した証拠となるのです。そのことを「神のデザイン論証」といっていました。まさにこの世は、神の御心のまま、神自身が様々な工夫（法則の賦与）をこらした賜物であるということです。

では、社会科学はどうかといえば、近代における「道徳哲学」ですが、先にお話ししたヒュームは明確に「自然哲学」のニュートン的手法を使って、そのような法則性を社会の中に見出そうと試みた代表的人物といえましょう。彼の『人性論』の副題こそがそのことを如実に物語っています。その副題とは、「実験的論究方法を精神上の主題に導入する一つの企てである」というものでした。しかしながら、ヒュームの試みが当時の知識人に理解されなかったのはご存じのとおりです。彼は、宗教家や知識人たちから誤解を受けたのです。私が思うに、ヒュームは自らの論理展開の中で確かに神について語っていません。それは神を一度捨象して、社会的構造の中に自然界と同様に法則性を抽出したときに、神の明らかな存在を結論付けていないだけであって、決してヒュームは神を科学の埒外に葬り去って議論をしてはいなかったと考えられます。ここでの視点は、私たちは本当に自然科学を道徳＝社会科学と同様な土壌で議論していいのかという問題を残しているといえましょう。また、多くの議論がヒュームの懐疑論に端を発していますし、スミスが自然界と私たち社会活動の場を分けたように、別言すれば「事実の問題」と「権利の問題」というように、人間が個々に関わる世界の難しさをヒュームの無神論への批判は含んでいたものと思われます。この問題は直接的にこの場で深化させるものではないと思いますので、先に進みます。

■ 道徳哲学の中身と道徳の意味

近代における人文・社会科学としての「道徳哲学」を、例えばスミスがグラスゴウ大学の道徳哲学講座を担当していたときの科目内容から眺めておきましょう。

「道徳哲学」はおおよそ四つの分野から構成されています。「自然神学」、「倫理学」、「法学」、そして最後に「政治経済学」です。この四つの分野の内容は次のように考えれば、理解がスムーズにいくと思われます。まず、私たち人間が太古の昔から持つであろう思考の歩みと社会環境の変化を考えれば分かりやすくなります。

「自然神学」、つまり宗教的思考と関連しているのですが、人間が大自然と向かい合い、その中に人間の能力をはるかに越える存在を認識するという初期段階。そして「倫理学」では、人対人の関係性を重視する小さな共同体という場での生活の規範（他者との関係性の円滑化）を考える段階。さらに、「法学」では、当然これまで所属していた共同体がより拡大したり、他の共同体との抗争の中で、人が集団・地域の中で活動するときに相互に了解するルールをもとに秩序ある社会の安定性（治安）を理解する段階。最後に「政治経済学」では、この分野が後に「政治学」と「経済学」に分岐することはお分かりのとおりですが、前者は為政者として国家を治める手法と後者はその国の財政を管理する段階として把握できます。付言すれば、なぜ「政治経済学」から「経済学」が分かれたかのポイントは、まさに経済学の生誕の核心部分であり、多くの研究史が蓄積されているところです。

上述のように、「道徳哲学」とは、今でいう包括的社会科学――今でも学際的研究の必要性が叫ばれているのですが――であり、人文・社会科学の学問領域の元祖的存在といってもいいでしょうか。こここでの「道徳」という言葉をステレオタイプ的に、また狭義に捉えたのでは、広義の意味としての道徳＝社会、あるいは常識（生活――未開から文明――をとおして培われていく知識）という概念を見失うことになってしまいます。

では、ちょっと広辞苑（第二版、岩波書店）で、「道徳」を調べてみてください。「(morality) ある社会で、この成員の社会にたいする、あるいは成員相互間の行為を規制するものとして、一般に承認されている規範の総体。法律のような外面的強制力を伴うものでなく、個人の内面的なもの」とあります。これからお分かりのように、社会における成員相互間に存在する――行為――規範の総体、別言すれば、倫理的な人間相互の交流の中で形として実体はないが共通認識している行為の一般的諸規則といってもいいでしょう。でもこれでは少し説明が回りくどいので、ヒューム流に述べれば、まさに歴史的に培われた「コンベンション（慣習）」であり、スミス流にいえば、「同感の原理」から提示された社会的ルール＝行為の一般的諸規則ということになるかもしれません。したがって、スミスが使う「道徳」的行為を仮に定義するとすれば、これまでお話ししてきた「同感」の是認感情を共有する歴史的倫理的社会行為規則の束といえるのかもしれません。

道徳諸感情の腐敗について

■ 尊敬と感嘆への二つの道

スミスが道徳的腐敗を指摘するのは、『道徳感情論』第一部で、自らの生前に増補――第六版――した部分に登場します。その経緯として次のようなことも考えられるでしょう。スミス自らが、急成長している当時の商業社会とその発展の中で、様変わりする人間の社会様式――人間本性への外部的影響――の結果を鮮明に受け取ったからではないか、ということです。

スミスは同書第六版第一部第三編第三章に「富裕な人々、地位ある人々に感嘆し、貧乏で卑しい状態にある人々を軽蔑または無視するというこの性向によって引き起こされる、我々の道徳諸感情の腐敗について」というタイトルをつけています。その冒頭は次のように始まります。

「富裕な人々、有力な人々に感嘆し、ほとんど崇拝し、そして貧乏で卑しい状態にある人々を、軽蔑し、少なくとも無視するという、この性向は、諸身分の区別と社会の秩序を確立するのにも維持するのにも、ともに必要であるとはいえ、同時に我々の道徳諸感情の腐敗の、大きな、そしてもっとも普遍的な原因である。」（上、一六三頁）

私たちは、尊敬されるべきあるいは尊敬される対象であることを望んでいます。したがって、スミスが述べているように、その反対の軽蔑されるべきあるいは軽蔑される対象——貧困であるとか卑しい状態にある——であることを恐れ、避けようとしています。その「人類の尊敬と感嘆」を獲得することに関わる私たちの気持ちが「野心と競争心」であると、スミスは指摘するのです。その人々の尊敬と感嘆がどのようなものに与えられるかというと、次の二つの道があると、スミスは述べるのです。「ひとつは、英知の研究と徳の実行によるものであり、もうひとつは、富と地位の獲得によるものである」（上、一六四頁）

私がおもしろいと感じるのが、先の二つの道での競争心の性格付けの記述です。「二つの違う性格が、我々の競争心に提示されている。ひとつは高慢な野心と人目をひく貪欲の性格、もうひとつは、控えめな謙虚と公正な正義の性格である」（同上）という箇所です。当然ですが、スミスが指摘する「人類のうちの大群衆」＝大衆の多くは、「英知と徳」の感嘆者とはならず、「富と地位」の感嘆者であり、崇拝者となるのです。前者は注意深い観察者でなければ判断できないのに対して、後者は、スミスの言葉をそのまま借りますと、「その色どりがけばけばしくきらびやかである点」で有利であり、「さまようすべての目の注意をひきつけずにはおかない」（同上）のです。また、スミスは、「値打ちと徳とから切り離された、たんなる富と地位とが我々の尊敬にあたいするということは、……めったに同意できることではない」（上、一六五頁）としながらも、通常の場合、「それらがほとんど恒常的に尊敬をえること」と「尊敬の自然的対象」（上、一六六頁）となることを、示しています。

少し分かりやすく言い換えると、次のようになるでしょうか。本来であれば、何らかの富と地位を獲得した人はそれだけの道程で、努力や忍耐をしてきた人であろうし、自らの経験の中で自分自身の振る舞いや他者への対応など、その富と地位にかなった行いをするはずであると私たちは想像し、彼の品格あるいは良心は他者の手本となるべきと期待し、尊敬するはずですし、それだからこそ彼を心の底から尊敬できる人と私たちは評価するのです。しかし、私たちの多くは、彼の人間性を見ることから程遠く、彼の富の総額であるとか、登り詰めた地位の呼称や身分のみに目を奪われがちになり、その表面上の評価だけで尊敬の対象とみなすということを行うのです。簡単な話、上流階級——それが貴族であれ何であれ——の人はその帰属性だけで、人々の注目を集め、称賛されるということです。そのことをスミスは、「社交界の人の不品行は、卑しい状態の人のそれよりも、はるかに少ない軽蔑と嫌悪をもって見られる」（同上）と的確に発言しています。

■ 大衆は上流に従う

また、スミスは上述の増補を行う前、つまり同書の初版の刊行時から、「野心の起源について、および諸身分の区別について」という項目で、私たちは「富を求め貧困を避ける」（上、一二八頁）という性向を示しています。そこで、私たちは生活を改善——『国富論』でも登場します——することが人生の大目的であり、「観察されること、注目されること、同感と行為と明確な是認をもって注目されること」（上、一二九頁）を欲していると、スミスは指摘します。富裕な人は自らの財産が自然に世の中の注目を集めることになるし、何らかの名誉を得た人はその名誉ゆえに他者から是認されるのです。

そのような財産・身分・地位が世間全体から見守られ、それらを保持している人たちの行為は公共的な配慮の対象となり、大衆の注目を集めるとともに、彼らの財産・身分・地位を大衆が眺めたとき、彼らの置かれた状態が「完全で幸福な状態」（上、一三二頁）として大衆が受け取る特殊な同感が形作られると、スミスが指摘するところです。したがって、「富裕な人々および有力な人々のすべての情念についていくという、人類のこの性向のうえに、諸身分の区別と社会の秩序とがきずかれるのである」（上、一三四頁）と、スミスは強調します。

この当該項目では、次のようなスミスの要旨叙述に遭遇します。君主国の国王はしょせん人民の召使であって、象徴的な立場にあることは衆目の一致するところで、もしその国王が独裁的になり、人民に苦痛を与えることをすれば国民は抵抗し、彼を廃位に追い込み処罰を与えるべきだという「理性と哲学の学説」（上、一三五頁）に従うべきなのであるが、「自然の学説」ではそうはならない。なぜなら、国民は、「自分たちの自然の上位者とみなすことに慣れていた人々にたいする尊敬という、慣行的な状態に容易にたちかえる」（上、一三六頁）ことになるから。さらに、「地位ある人々」——当然、当時においてそのような人物とは、上流階級の王侯・貴族が中心であろうと思われます——が持っている「その優越は、かれの先祖たちの徳が、かれをそこへ高めたもの」なので、普通の人々がいかに汗水垂らして、血の滲むような努力をしても備えることができない優越性——名誉であり誇り——であることをスミスが示しています。

このような例として、スミスは、ルイ一四世を「偉大な王侯というもののもっとも完全な模型」といっているのですが、その理由を次のように述べるのです。彼は「人類をいっそう容易にかれの権威に服従させ、かれらの志向をかれの好むままに統御することを企てるさいの技術」（上、一三八頁）の持ち主であり、この技術が世界を統治するのに役立っている。私たちの多く——大衆——は、財産の、身分の、地位ある人々を社会的に支え、自らの生活改善のある「完全で幸福な状態」をそこに見出し、手は届かなくとも目標や理想——単なる憧れで終わる可能性は非常に高いのですが——として、自らの仕事に励んでいくのです。

■ 徳への道と財産への道

スミスは上記の内容を初版から指摘していたわけですが、第六版で次のように、通常の人々——中流以下——の自らの生活改善と地位向上、さらには財産の獲得への道に言及しています。

「中流および下流の、生活上の地位においては、徳への道と財産への道、少なくともそういう地位にある人々が獲得することを期待しても妥当であるような財産への道は、幸福なことに、たいていの場合にほとんど同一である。」（上、一六六頁）

スミスの上述の説明はおよそ次のようなものです。中流および下流の専門職の人々は、自分の能力をフルに使おうとする。その能力と彼らの「慎慮、正義、不動、節制の行動」（同上）といったもの、すなわち彼らの能力と努力が結びついて、彼らは成功への道を掴むことがよくある。また、彼らは自らの得た生活を守るために、法律を順守し、正義を尊重し、彼ら周辺の近隣の人々や同輩連中の自らへの評価を気にしているので、「かなり規則正しい行動」（上、一六七頁）を行っていくのである。したがって、このような境遇に身を置く人々に対して、「我々は一般に、かなりの程度の徳があることを期待する」（同上）し、そのような彼らに幸運が寄り添うことを認めるのである。

スミスがこのように述べるように、中・下流の人々は自らの生活水準を上げる＝財産を獲得していこうと努力・精進することによってこそ、彼らの有徳な行為が認められるのであって、通常のレベルより高い段階で自らの欲望を律して、目標に向かう姿に私たちは尊敬と称賛を示すはずです。「財産への道」と「徳への道」がここでは、スミスの指摘するとおり、一致していることになります（果たして現代ではどう捉えられるのかが問題となるのですが）。

▣　平和な商業社会の行方

次にスミスが指摘する「腐敗した社会」（上、一六八頁）こそ、平和で商業が発展した社会の中に現れた現実だったのです。

その「腐敗した社会」を先導した張本人こそ、富裕で、地位のある人々だったのです。スミスは中・下流の人々の二つの道の一致を説いた後に、次のように述べています。

「上位の生活上の地位においては、不幸なことに、事情はかならずしも、つねにそれと同じではない。王侯の宮廷において、地位ある人々の応接室において、成功と昇進は、理解力があり豊富な知識をもった同等者たちの評価にではなく、無知高慢で誇りの高い上位者たちの、気まぐれでばかげた好意に依存するのであって、そこでは、へつらいと偽りが、あまりにもしばしば、値打ちと能力にまさる。そのような社会では、喜ばせる能力のほうが、奉仕する能力よりも尊重される。」（上、一六七頁）

ここに、スミスの『国富論』での重商主義的精神原理への批判を加味することで、商業社会における「腐敗」を傍証する試みをしましょう。

スミスは、『国富論』第四編「経済の諸体系について」の前の篇で、「国によって富裕になる進路が異なること」の項で、重商主義的思考が、都市の住人の人々――商人や職人、さらには貿易商も含まれます――の間で、歴史的に彼らが置かれた社会環境から必然的に生成してきた旨の論証をしています。

スミスは、重商主義的精神原理の一方として示す「私利と独占精神」は商業活動に従事するものとして、市場の確保とその中での追加的・過剰利益を追求していく気持ちを持つのは当然であると半ば容認しています。しかし、もう一方の精神原理、すなわち「国民的偏見と敵意」は貿易差額説を支えるに当たって不合理であり、くだらない原理であるとし、「我々自身の国への愛という高貴な原理」を押し曲げてしまったものであると痛烈に批判しているのです。

商業活動が、本来、モンテスキューもヒュームもそれぞれ、その取引環境にメリットを有する旨を明確に示していました。例えば、モンテスキューは自らの『法の精神』の「商業について」の項目で、「商業の自然の効果は平和へと向かわせることである。一緒に商業をする人間国民は互いに相依り、相助けるようになる。一方が買うことに利益をもてば、他方は売ることに利益をもつ。そしてすべての結合は相互の必要に基づいている」（『法の精神』中、一九九〇年、二〇二頁）と語っています。また、ヒュームは、商業活動の活発な時代は「洗練された時代」であるといい、「ある一国の富と商業との増大は、その近隣の諸国民のすべての富と商業とを損なわないどころか、それらを促進するのが普通であり、一方、まわりの国がすべて無知と怠惰との状態に沈み込んでいるときには、一国がその商業を大いに進歩させることはまずできない」（『ヒューム政治経済論集』一九八三年、八三頁）と、述べています。

これらスミスの先達である両者の見解を聞いただけでも、いかに商業政策としての貿易が国家間にメリットをもたらしたかは想像できるところですし、スミス自らも次のように述べることによって、国家間の商業活動の有効性を指摘するところです。

「まさにこの競争が、その国民大衆にとっては利益となるのであって、このような富んでいる国民が、さまざまな方面に所得を支出して良い市場を提供するのだから、それによっても国民大衆は非常な利益を受けるわけである。」（『国富論』Ⅱ、一九七八年、一八七頁）

では、何が「国民的偏見と敵意」を生んだのか。それはスミスの重商主義的政策批判での、人間本性分析の真骨頂といってもいいところです。この指摘は実は、私たちの身近なところに現在もある心持ちではないかと考えられます。

私たちは、自らの国を愛する気持ちを持っています。それを「愛国心」というと気を悪くする方がいらっしゃるのも事実です。あるいはそれを「祖国愛」といっても同じだろうけれども、スミスの言葉で示せば、それは「我々自身の国への愛」となります。まさに、個々人は普通の生活で国を意識、自覚することは稀ですが、私たちは様々なスポーツのW杯やオリンピックのような国際大会で、自然と日本代表選手を応援しているはずです。これがひとつのスミスのいう「我々自身の国への愛」の源流の発露であると思われます。

スミスは、近隣の二国間における次の感情が、まさに重商主義的貿易商人や市場シェアを維持しようとする製造業者によって煽られるのだと主張しています。

「両国が境を接しているために、両国は必然的に敵となり、そのため、互いの富と力とは、互いにいよいよ恐るべきものになっている。そして、両国の利益を増すはずのものが、ひたすらに狂暴

な国民的敵意を煽るのに役立つのみである」（同上、一八九頁）

上述のようにして、重商主義を推進する亡者——貿易商人やそれと絡む製造業者——と彼らの意図を汲み、自らの利益＝私腹を肥やそうとする為政者が、重商主義を国家的政策に押し上げたのです。権力と地位と財産のある彼らが、民衆の心に、隣国との「継続的な相互の恐怖と疑惑」（『道徳感情論』下、一三三頁）を助長することによって、同じことですが、大衆がもっている「自国への愛」という高貴な原理を、「国民的偏見というくだらない原理」（下、一三三頁）へ変質させてしまったのです。

スミスが先に示したとおり、大衆は自らの上位者に生活改善の期待すべき幸福な状態を示す役割を見ていたといえるのではないでしょうか。スミス自身の言葉は次のものです。

「一般に大商業資本の所有者は、その国の全産業の指導者でもあり指揮者でもあるのだから、彼らが示してみせる活動ぶりは、いかなる階層の人々のそれよりも、はるかに大きな影響をその国の働く人々の生活習慣に与えるのである。」（『国富論』Ⅱ、一九七八年、三八二頁）

同様な記述を先の『道徳感情論』から探ると、次のものがあります。

「富裕な人々と地位ある人々に感嘆し、したがってかれらを模倣する、我々の性向のために、かれらはいわゆる流行を創始したり指導したりすることができるのである。」（上、一六九頁）

■ 徳の道を放棄する人々――成功と昇進――

先程、平和な時代――「腐敗した社会」――にあっては地位のある人々の成功と昇進は「へつらいと偽り」という彼らの上位者（上司）を「喜ばせる能力」が自らの頭角を表す手法である旨、スミスは指摘しましたが、それを超越する事態もすでにスミスはよく把握していたと思われます。それは、「この羨望される境遇に到達するために、財産への志願者たちはあまりにしばしば、徳への道を放棄する」（上、一七〇頁）という意味深い語りです。「野心的人間」の行動についてスミスは言葉を進めます。

「多くの政府において、最高の地位への志願者たちは、法律を越える。そして、もしかれらが自分たちの野心の目的を達成できるならば、それを獲得した手段について、かれらは、説明を求められる恐れはない。したがってかれらはしばしば、陰謀と策動の通常かつ通俗の技術である詐欺と虚偽によってだけでなく、ときどき、もっとも途方もない犯罪をおこなうことにより、謀殺と暗殺により、反乱と内乱によって、かれらがその地位に至る道で対立し妨害となる人々を除去し滅亡させようと努力するのである。」（上、一七一頁）

スミス自身が垣間見た現実に、そのようなものが含まれていたことが想像できます。

私たちの現代社会においても、政界や財界、一企業内で実際に行われている――発覚した事件も含めて――可能性の高い恐ろしい光景ではないでしょうか。政治家の、官僚の、大企業の人たちの昇進と成功への道程で、これまでにも確かにあったことです。スミスが強く批判した「徳の道を放棄する」行為が、顕著に大衆の眼前に示されるに至ったのは戦後民主主義社会へ入ってからであり、例えば二〇世紀経済成長後の金権政治——ロッキード事件を筆頭として——や官僚と企業の馴れ合い的護送船団方式の談合の数々、バブルにおける企業の粉飾決算、銀行における不良債権隠し等々、これだけでも私たちは嫌というほど自己中心的・利益追求至上主義的な振る舞いを見てきたように思えます。

そのような彼らが今の社会環境を形作ったことは確かですし、それまでの文化的・社会的価値を浸食してきたのも彼ら——政治家、官僚、大資本家たち——ではないでしょうか。私たちは、本当に今、立ち止まって、個々人が上記のような行為＝「徳の道を放棄する」行為を再考し、自覚し、修正しなくてはならないのではないでしょうか。

「徳の性格」とは

私は、そろそろスミスの気持ちの次の段階へ入っていきたいと思います。

ここでいうスミスの気持ちのネクストステップとは、これまで扱ってきた『道徳感情論』の中でも、第六版増補部分の大部分を占める第六部「徳の性格について（Of the character of virtue）」の箇所です。その内容に入る前に少し寄り道をします。

■「格差社会」はもともとあった――資本主義社会のセオリー――

私たちの現代社会の一つの代名詞となっている「格差社会」に関わることについて一言触れます。「格差社会」と頻繁に人々の口から出るようになり、すでに久しい気がします。私が初めて聞いたときには、何をいまさらという感が強かったのです。少し経済学的素養のある方であれば、すぐに次のことを想起されることでしょう。つまり、現代社会はまさにグローバル「資本主義」の世の中である。この「資本主義社会」こそ自由競争の市場社会であり、誰でもその市場に参入できるし、退出もできるという自己責任の場であることをよく理解されているでしょう。

ですから、これも以前、流行になった「勝ち組、負け組」という言葉も、資本主義社会に生活している人間なら当然視している、という意識が私自身に強かったのです。ということは、この世の中、自らの責任により、自らの判断で何事かをなすとき、運不運はあるにせよ、自らの行為・行動――仕事――の結果が「吉」とでるときもあるだろうし、「凶」とでるときもあるぞ、ということです。したがって、もし、自らの行為としての結果が良好であれば、私たちは当然のことのように自らの成功を喜ぶし、その延長線上に財の増加という付属的なご褒美を手にするという幸運を掴むかもしれません。反対に、もし、自らの行為の結果として、思いもよらない出来事――例えば、事業の失敗――が降りかかるとすれば、当然のことのように自らの失敗を悔やみ、酷いときには泣き叫ぶかもしれません。

このように人生には様々な局面があり、私たち自身がその成功と失敗、あるいは勝ちや負けをどのように受け止めるかによって、目の前の局面を乗り越えてみたり、引きずってみたりするのが生きている証ではないでしょうか。ということは、声高に「勝ち組、負け組」と断言してみたり、人生の一局面を切り取って、これが「格差社会」であるという評論家の身勝手な発言は、まったく頂けないことだと私は思います。

どうして、私たちが生き、生活している資本主義社会の性質を多くの方々は理解、認識していないのでしょうか。その方々が今も多くいることが、私には不思議に思えるのです（少々、傲慢なもののいいようかもしれません）。私たちの現代社会、というより、資本主義社会がスタートしてから、私たちはすでに競争という市場社会に住んでいます。そうだからこそ、私たちは「個」という運動原理を各々が持ち、主張できる社会を、個としての「自由」を守る法治社会を死守してきたはずです。その社会の中では貧富の格差は歴然とあったのであり、すでに使い古された言葉となりインパクトがなくなったから、さらにバブル崩壊後の失われた一〇年の間に多くの失業者を出したからこそ、セーフティーネットの充実という下に、新しいネーミングがほしくなったというのが、実情ではないでしょうか。分かりきっている現実を改めて口にしてみる。それも独り言のように。それに輪を架けて、無知・無責任なマスメディアも、自らの強大な影響力――伝達――という権力を振りかざし、さらに視聴率という悪魔に操られるようにして、映像という安易な媒体手段によって、「格差社会」を喧伝するのです。

先に触れたように、大衆は上流階級や地位・財産のある人たちに、自らのあるべき姿——理想——を映そうとしていました。その欲求こそが「格差社会」を定着化させることに拍車をかけるのです。

■「下流社会」の「自分らしさ」とは

そういえば、もう一つ「下流社会」という言葉を思い出しました。三浦展氏の書物（光文社新書、二〇〇五年）のタイトルにありました。その著書の中に、「自分らしさ志向は『下』ほど多い」という見出し項目があります。そこでは、今、話題の団塊世代が中心となり、「自分らしさ」を追い求める傾向性とともに、「個性」という呪文が彼らの次の時代に豊かさを背景として、浸透していったという分析がしてありました。かなり否定的な意味合いを込めた考察ではないでしょうか。筆者は、一体何をもって、「自分らしさ」とか「個性」という語句を使っているのでしょうか。もし、その実態を子細に説明するためには、十人十色では足りず、より多くの「自分らしさ」と「個性」を持った人々への具体的なインタビュー、否々、もっとひどくいえば、自分は自分、他人は他人というふうに他者を排除し、それでも飽き足らず、自分の無能力ささえ棚上げしている人物への対面取材が考察のためには必要になってくるのではないでしょうか。

J・S・ミルが『自由論』の自らの「個性」を磨くことを論じた箇所で、「各人の天性に対しておよそ公平な活動の余地を与えるためには、さまざまな人々にさまざまな生活を営むことを許す、ということが根本に必要である」（『自由論』一九八五年、一二八頁）と述べています。これは、個性を伸ばすための環境論といえましょう。自分が周囲――社会――に他者の存在を意識しつつ、公共という共通空間における他者との共存と差異を理解できて、初めて、自分の「個性」や「自分らしさ」という才能を伸ばすことができるのです。そのためには、真に「自由」な活動を許容する社会環境が必要不可欠であるとミルはいっている、と私には感じられます。

さらに、三浦氏は下流ほど「自己能力感」――これもネガティブな解釈――があると思っている若者が多いと指摘しています。しかし、それはまさに、他者と違う自分を正当化しようという自己保存本能以外の何ものでもないといえるのではないでしょうか。自分と関係がある世界で頑に自らの存在を堅持しようとする姿。これは、人間本性が本来的に持っている能力である、とスミスが指摘した「高慢の本能」ではないでしょうか。スミスはこの「高慢の本能」を次のように説明します。

「高慢の本能によって、かれらは自分たちを、年齢と境遇において、自分たちと同等の人々と、同じ水準におく。そして勇気と不動性によって、かれらの仲間のあいだで、かれらの適切な地位を維持するのである。」（下、二〇八頁）

しかしながら、上記の「勇気と不動性」が真の意味で、肯定的に評価され得るかは怪しいところです。とはいえ、さきのネガティブな「自己能力感」を持つことを主張するということは、他者にないだろうと自らが思っているものを自分が持っている、さらには、それ自身を「自分らしさ」だと主張することと同じように見えます。したがって、「自分らしさ」を強調する彼らは、他者と比べられて通常の能力を持っていないという評価を拒絶するために、虚勢——「自分探し」という言い訳——を張っているだけの存在でしかない、ともいえましょう。

三浦氏の述べる「個性」、「自分らしさ」、「自己能力感」は、すべて自らを他者存在との関係から切り離そうとしている姿として受け取れるのです。それは他者に対して無関心を装うという態度を生むだろうし、装うことの習慣化は、必然的に、自らの感覚や感情をも麻痺させていくという結果につながっていきます。であれば、現代の社会生活をしている多くの人々の周囲への関心のなさや無視する態度は、下流社会に限ったこととはいいがたいのではないでしょうか。

あなたは、次のスミスの言葉がすんなりと頭に入ってきますか?

「人間生活の諸事件にたいする愚鈍な無感覚は、徳性のほんとうの本質をなす、我々自身の行動の適宜性についての、するどく真剣な注意を、すべて必然的に消滅させる。」(下、一七〇頁)

スミスは産業革命以前、こういってよければ、自由資本主義黎明期の近代商業社会の進展とその実態をつぶさに観察しました。スミスが分業の生産性向上の実証的論証を著した『国富論』の中で、彼自身が分業の弊害を指摘したことは、すでに述べたとおりです。近代商業社会の発展は、多くの人間に単純労働に従事することで財産を取得できることを提示しました。その単純労働とは、財産を獲得する一手段に過ぎなかったわけですが、その仕事の単純化——現代でいえば、マニュアル化——が、人間の自己諸能力のさらなる育成を必要とする場の意識を阻害してしまったのです。自己の諸能力の向上を目指す意欲は、比較できる他者、他対象をもって初めて始動するとすれば、単純化・マニュアル化された仕事や業務の継続という習慣化は、上記の「愚鈍な無感覚」を生み育てる温床であると思われます。スミスはその結果としての、「徳性のほんとうの本質をなす、我々自身の行動の適性についての、するどく真剣な注意」を私たちが失ってしまう旨、警告していたのです。では、スミスのいう「徳性のほんとうの本質」とは？　その本質と切り離せない私たちの「行動の適宜性」とは一体いかなるものか？　これからその中身を吟味していきましょう。

■ あなたは「徳」を説明できますか？

私たちは今日、「徳」あるいは「徳性」という言葉を口にしますか？　まったくといっていいほど使うことも口に出すこともないでしょう。私は大学で「社会思想史」を教えていますが、私自身ですら、日常的に「徳」という語句を会話の中で使うことは稀です。そのように私たち大人、中高年男性が使わない言葉であれば、なおさら、受講している学生がその言葉の意味と内容を頭の中でイメージできないのは当たり前の現象でしょう。したがって、私が講義の中で、それを説明するときの苦労を皆さんも考えてみてください。

では、私は講義の中で、どのように「徳」、「有徳」を説明していくかを簡単に少しお話ししましょう。まず、「徳を有する」＝「有徳さ」について私たちが日常遭遇する場面を想像してもらうことから始めます。よくたとえとして用いる例が次の二つです。一つは、電車やバスで出くわす、老人や妊婦に席を譲るという行為を行う人。もう一つは、ある友人が大学に通いながら、他方で難易度の高い国家資格を取得するために別の専門学校へ通い続けている姿。これらの人々にあなたがどのような感情を持つかを考えてもらうのです。もし、少しでも経験があれば、前者の光景をあなたが目撃したら彼の行為に対して感嘆とはいかないにしても、尊敬の念を持つでしょう。また後者の友人に対して、通常の――怠け者――人間や自分と比較することによって、友人のその努力と継続性に対して敬服することでしょう。このように私たちは日常生活の中で、様々な場面に遭遇しながら、通常より少し――基本的には自分の行為尺度と比較して――「上位」あるいは「優位」にある行為に対して、また誰から見ても当然の行為であり、「良い」行為であると評価できるものを感じるはずです。その通常より「良い」、通常の程度を越えて私たちが是認できる行為をした人々に持つ感情を確認するのです。当然のことながら、自らが到達できない行為を行う人物に対して、尊敬の念や感嘆すべきものを私たちは抱くのです。そして、その行為のできる人々に対して、私たちはあの人は「有徳」な人であるとか、「徳」ある行動のできる人という使い方をする旨、説明をしていくのです。

では、立ち止まって、また広辞苑（第二版、岩波書店）の「徳」の項目を引いてみましょう。「①（イ）心に養い身に得たところ。人道をさとって行為にあらわすこと。道徳。善道。（ロ）正義が行為にあらわれること。②道徳的に良い行為をするような性格の習慣。③生来有する性質。天性。品性。④人を感化し、また敬服させる力。名誉。徳化。⑤恩恵を施すこと。またそれを受けること。めぐみ。おかげ。⑥幸福を有すること。富。裕福。⑦利益。得分。もうけ。」

上記の記述がそのすべてです。この解説を、上述した例、つまり席を譲る人、ダブルスクールを続ける友人、のどれに属するか考えてみましょう。前者＝席を譲る人は①の「人道をさとって行為」に現れたものといえるでしょう。当然のことながら、②の性格。さらには、③をその人が持っているということになるはずです。一方、後者＝ダブルスクールを続ける友人においては、私たちは率直にその友人の日常の忙しさを想像し、自らの日常の雑務の多さを痛感しながら、④の力を認めるでしょうし、その努力が近い将来、⑥、⑦をその友人が獲得するであろうことを想像するでしょう。

スミスは「同感の原理」の説明において、「情念の適宜性、すなわち観察者がついていける調子の高さが、ある種の中庸にあたるにちがいない」（上、六九頁）と述べて、もし、行為当事者の情念が高すぎたり、低すぎたりすることがあれば、観察者が彼の立場を是認することが難しい旨、言及している箇所があります。すでに見てきたように、スミスは同感したい観察者の想像上の立場の交換とともに、同感されたい当事者の感情のコントロール（自己規制）を経て、私たちは完全な同感を共有できることを確認したところです。ということは、スミスにおける「同感」するという行為、別言すれば、状況における適切な行為は、「徳」を有している行為であり、「有徳」な行為であるところに近い是認された行為として理解できるでしょう。

では、スミスにとって「徳」とはいかなるものとして理解されているかを明確に述べているところを次に提示しましょう。

「知的な諸資質のふつうの程度のなかには、なんの能力もないように、良俗（モラル）のふつうの程度のなかには、なんの徳もない。徳とは、卓越であり、大衆的で通常なものをはるかに越えて高まった、なにかふつうでなく、偉大で美しいものである愛すべき諸徳性は、極度のそして予期されぬ繊細さとやさしさによって人を驚かす程度の感受性のなかにある。畏怖すべく尊敬すべき諸徳性は、人間本性のもっとも統御しがたい諸情念にたいする目をみはらせるような支配力によって、人を驚愕させる程度の、自己規制のなかにある。」（上、六四‐五頁。傍線は引用者）

スミスがここで指摘した「愛すべき諸徳性」の一つとして、明らかに先程の席を譲る人の行為にやさしさと、それを受けた側の感謝の気持ちを私たちは見ることができますし、一方で、やはり、「畏怖すべく尊敬すべき諸徳性」の一つ——程度とすれば偉大とはいえない努力かもしれないが——として、ダブルスクールをしている友人の勤勉さとともに節制する姿を私たちが見て、彼の行為を称賛する気持ちを持つようになることも解釈として理解できるでしょう。

■ あなたは「ストイック」な生活ができますか？

ではなぜ、スミスは「同感の原理」の論述の後に、このような「徳」論を展開したのでしょうか。実は、スミスの『道徳感情論』初版から第五版までは、先述の議論の後に、「ストア哲学について」という項目があったのです。といっても、現代の私たちの中で、ストア学派といって、すぐに「ああ、ストイック（禁欲的な）の語源ね」という方が何人いらっしゃるでしょうか。また、「ストイック」という言葉を知っている人や使う人が今ではあまりいらっしゃらないのではないでしょうか。私たちの周りに、本当にストイックな生活をしている人が果たしてどれくらいいらっしゃるのでしょうか。

自らの要望・充足がいとも簡単に満たされてしまう社会環境においては、正直にいって、すでに死語に近いのではないでしょうか。若者の大部分は、もし自分が買いたいと思うものがあれば、アルバイトをすることによって何でも入手できる時代です。また、大人は、必要なモノがあるとクレジットカードで購入する時代です。もうどれくらい昔でしょうか。子供であれば毎月のお小遣いを貯めたり、お正月のお年玉を合算して、自分のほしかったボードゲームを手にしたのは……。また、大人も貯金をして、あるいはボーナス月に家電製品を買いに急いだのは……。現代において「辛抱」だとか「忍耐」という言葉は誰のために使えるのでしょうか。せいぜい、受験生や就職活動をする人たちだけかもしれません。自分の志望する学校へ入るために、志望する企業の内定がとれるまでは好きなことをするのを控えるとか、好きな人と会う回数を減らすとか、酒席には顔を出さないといったところでしょうか。

したがって、もし学生であれば、友人の中でいち早く就職戦線を戦っている者がいるとすれば、私たちは彼らに対して「やる気のある奴」というレッテルを張り、彼らにわずかな敬意の念を抱き、もし彼らが早々と内定をとれば、少々の嫉妬心を彼らに対して持つことになるかもしれません。いずれにせよ、自らの目標に突き進む人々を私たちが観察するとき、私たちが彼らの志＝振れない不動の精神を讃えることは確かです。

では、ストア学派についても短くお話をしましょう。

ストア学派が登場してくるのは非常に早い時代です。だいたい前四世紀から後一世紀がその学派の盛期です。この学派の創始者はゼノンであり、その後クレアンティス、クリュシュッポスがギリシア時代前期における確立期であり、その後のローマ帝政時代の隆盛期では、ネロ帝の家庭教師であったセネカ、元奴隷で後に自由人となったエピクテートゥス、五賢帝の一人であるマルクス・アウレリウス・アントニウスが代表的人物といえましょう。そして、ストアの賢人思想が、「有徳」な人間行為原理の一典型として、後々のヨーロッパ哲学の源泉の一つとなったのは有名です。マッキンタイアが述べるように、「西洋の文化圏内では依然として、道徳の永続的な可能性のひとつ」（『美徳なき時代』一九九三年、二〇八頁）であるというほど、ストア主義的思想は現代でも息づいています。さらに、キリスト教的慈愛精神とともに「ストア的自己規制」がスミス倫理学の原型であるという研究者たちもいるくらいです。

では、スミスは「ストア的」思考に何を見出していたというのでしょうか。スミスは、先にも述べたように、『道徳感情論』の「ストア哲学について」の項目で、次のようにストア主義的「有徳さ」を提示します。

「行動のもっとも高貴な適宜性は、繁栄のなかでと同じように逆境においても、維持されうるし、それは、はじめはいくらかいっそう困難であるとはいえ、まさにその理由で、いっそう感嘆すべきものなのである。危険と悲運は、英雄的態度の適切な学校であるだけではない。それらは、英雄的態度の徳を有利に示すことができ、それにたいする世間の完全な喝采をひきおこすことができる唯一の適切な劇場なのである。」（上、一四九–五〇頁）

スミスは、逆境に置かれた英雄——カトーやブルートゥス——の大きな活気と臆せぬ行為を私たちは称賛する、としています。さらに、「どのような運命がふりかかることがありえようとも、私はそれを、ひとしい歓喜と満足をもってうけいれる」とするストア哲学者の発言をスミスは紹介しています。そして、エピクテートゥスの『語録』から、賢人の態度として、自分の妻が死んだとき泣き叫ぶのではなく、神にお返ししたという発想を持つことによって、悲運など一つもなかったかのように私たちが振る舞えるような不動心を、私たちは見習うべきであると、スミスは主張するのです。このように、スミスは、私たちの同感の是認感情を越える行為＝卓越さを有した行為を示すことで、人間のあるべき姿の一つのパターンを提示し、私たちの内的精神性の問題を取り上げようとしていたのです。

■ 経済社会は憂う社会環境か？

これまでにも眺めたとおり、スミスの近代商業社会では、日々、分業生産の効率化が図られる時代で、当然それ以前の時代よりも財物が容易に入手できる階層を多く作り出してきたのです。財産の増大と財物の豊富さは、すぐさま現実的利益追求型人間を製造し、欲望感情から突き動かされる人々をさらに増産していったといえます。ここで、私たちの時代により近い超有名人、すなわちJ・M・ケインズの次の言葉を借りてみましょう。

「理想的な国家においては、人々が賭に興味を持たないように教育され、鼓舞され、躾けられるということもあろうが、普通の人、あるいは社会の重要な階級の人たちさえもが、事実上金儲けの欲望に深く身をゆだねているかぎり、ゲームを規則と制限のもとで行うことを許すのが、やはり賢明で思慮深い政治術というものであろう。」（『雇用・利子および貨幣の一般理論』一九八三年、三七七頁）

利益争奪戦の中での一喜一憂、拝金主義的行為の横行は、スミスの時代においても、前述したように重商主義的発想――「私利と独占精神」――の中にもありました。そのような風潮の中で、消滅しようとしている人間性の復権のために、スミスは「有徳」な思考とその行為を強調する必要性を感じたのかもしれません。

先にケインズの言葉を挙げましたが、上記と同様に近代経済社会が急速に発展する時代に危惧感を持ち、その気持ちを著したヴェーバーとシュンペーターも見ておきましょう。

「今日では、禁欲の精神は――最終的にか否か、誰が知ろう――この鉄の檻から抜け出してしまった。ともかく勝利をとげた資本主義は、機械の上に立って以来、この支柱をもはや必要としない。……営利のもっとも自由な地域であるアメリカ合衆国では、営利活動は宗教的・倫理的な意味を取り去られていて、今では純粋な競争の感情に結びつく傾向があり、その結果、スポーツの性格をおびることさえ稀ではない。」(『プロテスタンティズムの倫理と資本主義の精神』一九八九年、三六五―六頁)

「資本主義は――ただ単に経済活動一般のみならず――結局のところ人間行為全般を合理化する推進力となった。」(『資本主義・社会主義・民主主義』一九九五年、一九五頁)

「資本主義過程は自らのつくり出す精神的態度の力によって、漸次家庭生活の価値を曇らせ、古い道徳的伝統が新奇な生活様式への逸脱を防いだ良心的な掟を取り除く。」(同上、二四八頁)

さらに、二〇世紀後半、マッキンタイアは『美徳なき時代』を著し、彼は自らの現代社会観の中で、「効率性」が諸権利や功利性のような概念と同様に、道徳的概念に分類されて、国民を指導する立場である官僚的管理者が「効率性」という虚構に道徳性を施したこと、その彼らが社会の中心的存在だという傲慢性へ陥っていたことへの批判をしています。加えて、マッキンタイアは古典的徳性が共同体を維持するための社会的役割を担っていたことを指摘しています。

■ストアの賢人の正体とは

さて、話をスミスに戻しましょう。

もしかすると、スミスは二〇世紀資本主義社会における人間本性の危機的状況を見透かしていたのかもしれません。これまで扱ってきた有徳な態度、徳ある姿＝物事に向き合う真剣さとそれへの努力、その姿をストアの賢人の行為の中に映して、多くの人々へ注意を喚起したかったのかもしれません。商業社会の「私利と独占精神」に左右されることのない、「完全な適宜性をもってふるまう」（上、一五三頁）賢人に、人間本性の完全性＝理想を見ていたのかもしれません。

しかし、ストア的「徳性」の行為が状況に応じた人としての最適で最善な行為と解していいのでしょうか。スミスは、自らの生前最終版の同書で、ストアの賢人＝「有徳」な行為のできる人間に疑いの目を向けます。

ストアの賢人たちは、「完全な自己規制」をもって、悲運の下でも、自らの感情を平静に保つことができます。先に示したように、エピクテートゥスからの引用の文面において、自分の妻子が死んだときも、「この偶発事件が他人に起こったとき、我々がどんな感受性を受けたかを想起すべきなのであり、そして、かれの場合に我々がそうであったように、我々は自分自身の場合にもそうあらねばならないのである」（上、三二一頁）として、この態度こそが私たち自身の諸感情を規制しようと努力する・模範とする姿勢であると、第五版まではスミスは評価していました。

しかし、この評価が第六版に至って、先に、このエピクテートゥスの妻子が死んだという引用文後のスミスの記述が次のように書き換えられます。すなわち、第五版までの上記事件に対処するストアの賢人の態度としての「最高の度量と不動性」、「完全な自己規制」、そして「この完全な適宜性」ある行為がすべて削除されてしまったのです。その代わり、次の文章がストアの賢人の態度説明の後を受けて登場します。

「我々の感情が、そのために適宜性の枠をこえがちな、私的な悲運は、ふたつのちがった種類からなっている。それらは、我々の両親、我々の子供たち、我々の兄弟姉妹たち、我々の親友たちというような、我々にとってとくにだいじな他の人々に、まず作用することによって、我々には間接的にのみ作用するというようなものであるか、あるいは、苦痛、病気、死の接近、貧困、不面目などのように、我々自身にたいして直接無媒介に、すなわち我々の身体、我々の財産、我々の名声のいずれかに作用するようなものである。」（上、四一四―五頁）

スミスは上述の書き出しのところに、ある感情の「適宜性の枠をこえがちな」私的悲運が二種類あると述べています。以前であれば、ストア的態度を、まさに自らがいかなる当事者であっても、観察者という他人から見た眼で、自らの感情と行為を完全に自己規制することで「有徳」に振る舞うべきことを、スミスは私たちに要求していました。ストアの賢人の行為は状況に応じた「完全な適宜性」を備えた称賛されるものとなったのですが、スミスはそれ以外の人間本性の側面を再考しようとしたのです。

スミスは、私的悲運を二種類に区分したと述べ、第一の悲運のことを私的で間接的な悲運――肉親、親友等の死――を挙げ、他方、私的で直接的な悲運――自己の苦痛・貧困・不面目等――を挙げています。前者の場合、これまでであれば、ストア的行為原理に則れば、自らの感情をあらわにすることはあってはならない行為として、スミスにおいては否定的に評価される対象でした。しかしながら、スミスは次のように述べることによって、これまでスミス自らが肯定的に認めていた「ストア的観念」である「完全な自己規制」やそのような「最高の度量と不動性」ある振る舞いを批判しています。

「かれ自身の父または息子の死または困苦にたいして、他のどんな人の父または息子の死か困苦にたいしても感じるほどにしか感じない人々は、りっぱな息子でもりっぱな父でもないようにみえるだろう。そのような不自然な無関心は、我々の喝采をかき立てるどころか、我々の最高の明確な否認をひきおこすだろう。」（上、四一五頁）

私たちも想像力を働かせてみましょう。あるいは、すでに体験された方もおありでしょう。肉親や親友の死に直面した自らの感情はどうであろうか、あるいは、どうであったろうかを。当然のことのように、深い悲しみに襲われ、人前にもかかわらず、取り乱すことでしょうし、涙を流す、嗚咽することもあるはずです。また、そのような悲運に遭遇した事情を知っている周囲の人々は、取り乱した人々に格別の配慮をするはずです。スミスがいうように、周囲の人々は悲しみに包まれた人々が感情をあらわにすることを容認するのです。なぜその行為を認めるかといえば、その行為自体が人間として自然な感情の発露であり、自然な行為として是認できるからにほかなりません。したがって、「不自然な無関心」を装う当事者に対して、もし想像することがあるとすれば、周囲の人々は親しい人間を失った衝撃をなぜこの人は素直に表さないのだろうかと、訝しがるはずです。私たちも、そのような人に出会うと、「この人は本当に、身体に赤い血が流れているのだろうか」という感想を持つことがあると思います。

上記で、スミスの場合、「不自然な無関心」に対して、私たちは「最高の明確な否認」感情を持つことを強調しています。それだけ、スミスにとって、ストア的態度に、見せ掛けとしての姿勢――うわべ――を重視する側面を看過できなくなったということでしょう。確かに、私たちは悲嘆にくれる度合いにおいて、親しい人の死は人生において最大の出来事です。それに対して、もし「完全な自己規制」ができる人がいれば、その当事者の忍耐への驚き・尊敬は抱くとしても、その人の人間性に疑問を持つこともあるのではないでしょうか。

「適宜性の感覚は、我々がもっとも近い親戚の悲運について自然に感じる、あの特別の感受性の、完全な根絶を我々に要求するどころではないのであって、その感受性の過度によってどんなに不快感をあたえるよりも、はるかに多くそれの欠如によって、不快感をあたえるのが常である。」

（上、四一七頁）

上述のようにスミスは指摘し、その後に「ストア的無感動」に対して手厳しく批判をしていきます。他方、私的な直接的悲運については、スミスは、先程の感受性の度合いが少ない程、他の人々から不快で軽蔑の対象にはならない旨、述べています。その場合において、「ストア的無感動無関心に近すぎるまでに接近しうる場合」に、他者、周囲の人々が直接的悲運に遭遇した当事者に対して持つ不快感はわずかであるとしています。この私的直接的悲運の例としてスミスが取り上げたもの――貧困、病気、不面目等――を次に考えてみましょう。貧困、すなわち何かの事業に失敗して財産を失った結果を自分の不運のせいとして愚痴る人。病気、すなわち自らの病が不治の病ではないかと恐怖に駆られ泣き叫び続ける人。不面目、すなわち選挙に出馬するも、票を集められず落選したことを有権者のせいにする人。あなたはこれらの人々をどのような眼で眺めますか。やはり、自らの直接的な悲運を赤裸々に語り自らを悲劇の主人公のように扱い、子供のように感情を表に出したり、他者を誹謗中傷して自らの責任を他者に転化しようとする人々を評価することはできないでしょう。また、自分が尊敬していた人が、上記のような種類の人間であったことを少しでも感じ取ることがあるとすれば、私たちの気持ちは一気に冷めることを経験したことがあるかもしれませんし、私たちは自分の不用意な一言から、そのような人種の人間ではないかと他の人々に誤解を招いた経験もあるかもしれません。一方で、私たちは、自分が辛い状態にいるにもかかわらず、周囲の人々に何も不平や不満を漏らさず、笑顔で黙々と通常通り働く人がいれば、後に事の子細が耳に入ってきたとき、その人の姿勢に敬服することもあるでしょう。

このように、スミスは、ストアの賢人の中に求めていた「有徳」な行為＝誰もが敬服し称賛すると認めるような行為は、内容の伴わない行為原理であることを論証したといえるでしょう。要するに、ストアの賢人の従った行為原理とは、すでに神々が「自分の行動を方向づけるためにあたえておいた原理」（上、一五六頁）でしかなかったのです。いかなる状況が発生しようが、すでに決定された行動に我が身を合わせるだけという無思考・無感動な当事者の行為がそこにくっきりと浮かび上がってきます。ここでも思い出してみてください。近代以降の分業化の結果としての生産性の効率化と私たちの高度情報化社会におけるマニュアル化の膨脹と浸食。スミスは、行為マニュアルとしてのストア的観念を明示するとともに、重商主義的政策の中での無軌道な私的利益追求の姿をあらわにした近代人に対して、ストア的自己規制とルール――個人の自由を侵害しない――遵守の姿勢を多少強引に見えても、主張したかったのではないでしょうか。

しかしながら、ストア的行為マニュアルの欠陥を鮮やかに指摘してみせたスミスは、より人間らしい姿勢を示すことによって、そのことは個々人の内的意思に到達するのですが、個別的存在でありながら、共存しなければならない人間社会の本来的姿勢と性格を提示すること、それがスミスの生前最後の仕事となったのです。

■ 徳の性格の正体は

次の箇所は、『道徳感情論』第六版第六部「徳の性格について」の序論の冒頭です。

「我々が誰か個人の性格を考察するとき、我々は当然、それをふたつの違った側面からながめる。第一に、それが我々自身の幸福に作用しうるものとして、第二に、それが他の人々の幸福に作用しうるものとしてである。」（下、九三頁）

私は以前、自分の別の著書（『アダム・スミスの自由経済倫理観』八千代出版、二〇〇〇年）で、スミスは「徳」の「本来的性格」を表そうとした旨、論証しようとしました。スミスが序論で、自分の幸福に作用する徳としての「慎慮」、他の人々の幸福に作用する徳としての「慈恵」をどのように解説しているか次に概観しましょう。

まず、「慎慮」について、次のようにスミスは述べます。

「その個人の健康、財産、身分と評判、すなわち、かれのこの世での快適と幸福が主として依存すると想定される諸対象についての配慮は、ふつうに慎慮と呼ばれる徳性の本来の業務とみなされ

ている。」（下、九五–六頁）

「慈恵」については、次のようです。

「かれ自身については、かれと同じ家で暮らすのがふつうである、かれ自身の家族の諸成員、すなわち、かれの両親、かれの子供たち、かれの兄弟姉妹が、自然にかれのもっともあたたかい愛着の諸対象である。」（下、一一〇頁）

「愛着は、関係がますます疎遠になるにつれて、しだいに減少する。」（下、一一三頁）

私たちは通常、「慎慮」ある行為として、状況に応じた冷静で的確な判断をした上で行動する人を、自らの軽率な判断と行動に照らして、慎慮ある人と敬意を込めて呼んでいるところです。その「慎慮」の本来的性格は、取りも直さず、自らの幸福に関わる配慮であることをスミスは述べています。一方、「慈恵」は他者への慈しみの気持ちと寛容さを持った人に、私たちは自らはなかなか広い心持ちになれないことを意識しながら、尊敬するところです。が、スミスは慈恵には、自然的愛着順序が基準となり、自分に近い人たちへの配慮が先行することを語っています。

スミスは、「徳（virtue）」という語を、より人間本性＝人間の本来性という根幹から、私たちに提示することによって、私たちと無縁な行為規範ではないことを明らかにしようとしたと思われます。すでに確認したとおり、広辞苑の「③生来有する性質。天性。品性。」の内容の確認をスミスは行ったと思われます。

「慎慮」の項目から、スミスの視点をもう一つ紹介します。「賢明で分別ある行動」が、先程のように自分の健康、財産や身分と評判に関わる配慮ではなく、より高い目的に向けられる場合は、適切に「慎慮」と呼ばれていい、とスミスは述べています。さらに、そのような行動が武勇であったり、正義諸規則への適格な配慮であった場合、そこにスミスは「適切な程度の自己規制」(下、一〇三頁)によって、それら行動が支えられていると、指摘するのです。また、「他の人々の幸福に作用しうる慈恵」の項目において、親族が置かれる「境遇の必然性」(下、一二二頁)からの慣行的同感を指摘した上で、その関係性の中に社会的・道徳的結合があることをスミスは明らかにしています。さらに、「慈恵を経験したことがある人々」が適正に感謝の気持ちを持ち、「親切は親切の親である」(下、一二五頁)ことを実践していく旨、スミスは述べています。

「もし我々の兄弟たちによって愛されることが、我々の野心の大きな目的であるならば、それを獲得するもっとも確実な道は、我々の行動によって、我々がほんとうにかれらを愛していることを、示すことである。」(下、一二五―六頁)

続けて、スミスは指摘します。「自然の慈愛的な知恵」が社会の平和と秩序において、明確に知覚できる出生と財産に依存する旨、さらに、私たちが生まれ、教育され、生活を続けている国家が「我々の善悪の行動がそれの幸福または悲惨に大きな影響をあたえうる、最大の社会」(下、一三〇頁)であるとします。その一方で、私たちの「我々自身の国への愛という高貴な原理」(下、一三三頁)が、国民的偏見に変質していく旨は、すでに触れたところです。これらは、私たちの慈恵的な配慮の本来的限定的な範囲を示しているものと思えます。スミスも私たちも次のことは承知しているところです。いかに慈愛深い人たちが大震災の惨状にインタビューで同情を示したところで、彼らはカメラのフレームから外れると、安全な場所において、次の仕事に平然と取りかかるということです。だから、「普遍的慈愛」は「神の業務であって人間の業務ではない」(下、一五一頁)旨、スミスは約説しています。

▣スミスの求める人間像

私たちはやっと、スミスの述べる真の人間像を眺めるところまできました。

スミスはこれまでに「有徳」な人間像を示していますが、もしかすると、「有徳」さを言い換えておいた方がいいかもしれません。これまでに私は何回か物事に能動的に当たる態度を述べたことがあるはずです。例えば、「物事に向き合う真剣さとそれへの努力」、「状況に応じた人としての最適で最善な行為」等を、覚えておいでですか。自らの意志で、積極的に普通の程度を越えていこうとする・起こそうとする姿・姿勢・行動こそ、「有徳」さを備えていると思いませんか。

またまた、ほんの少し道草をします。神野慧一郎氏が『我々はなぜ道徳的か――ヒュームの洞察――』(勁草書房、二〇〇二年)の中で、「我々は今や、道徳的生については絶望的なというように近い時代に生きている」、さらに、「モラルハザードの時代に生きている」という悲観的心的表明をしています。神野氏は、前述したマッキンタイアと同様に、自然から乖離した似非道徳的価値への批判を行った箇所で次の発言をしています。

「現実に足をつけていない超越的な原理に頼るとき、我々は過剰な道徳的要求をしがちである。けれども、歴史の示すところでは、過剰な道徳的要求のもたらしたものは、多くの場合、災厄と悲劇であった。」（同上、一六頁）

そして、神野氏は、これまでの倫理学における義務論型、つまりカント的理性や定言的命法による超越的な価値を前提とする倫理行為論や、結果論型、つまり人間の平等を求め社会制度的に「最大多数の最大幸福」を達成しようとする功利主義的原理を核とする行為論自体、その基準とするものが疑わしい、と批判するのです。そこで、神野氏は、第三の立場としての「徳論的倫理説（virtue ethics）」を提唱します。

神野氏の徳論的倫理説の議論の中で、「行為者」の行為指針を氏は次のように示します。私たちが志向する――正しい――行為とは、自らが「有徳な行為者が有徳という人柄ないしは、人品に特徴的で典型的な仕方で、そうした状況においてするであろう行為」であって、私たちはそれを想定することによって自らの行為基準とするのです。

私たちはスミスの「有徳」な人間像をじっくり確かめましょう。

「完全な慎慮、厳格な正義、適切な慈愛の諸規則にしたがって行為する人は、完全に有徳であるといわれていい。しかし、それらの規則についてのもっとも完全な知識でさえも、それだけではかれを、このようなやり方で行為できるようにはしないであろう。かれ自身の諸感情は、ひじょうにかれを誤り導きやすいし、かれ自身が自分のまじめで冷静な時間のすべてにおいて是認している、すべての規則を侵犯するように、ときにはかれを追いやり、ときにはかれを誘惑しがちである。もっとも完全な知識でさえも、もしそれが、もっとも完全な自己規制によってささえられていないならば、必ずしもつねにかれを自分の義務をはたしうるようにはしないであろう。」（下、一五二頁）

私たちは周知のように、人間本性の完成において、スミスの使用する「完全」という言葉自体が、一つの目標であることを知っています。だからこそ、ストア的観念としての「完全な適宜性」、「完全な自己規制」が見せ掛けとはいえ、大きな影響力を持っていたことを見てきました。一方、私たちは諸感情を持った存在であるがゆえに、様々な状況において、個別で多様な対応をその都度行うのです。いかに同じような状況に遭遇しようが、まったく同じ感情や行動をとることはあり得ないのです。経験という蓄積の上で、その場での状況判断と行動を決定していきます。そのことを前述に登場した「有徳」な人間像も示していると思われます。

■「私を褒めてあげたい」の真相は——自己規制の徳とは——

スミスの前述の引用の後半に、私たちが探ろうとする一つの「姿勢」があります。スミスは『道徳感情論』第六版第六部第三編を「自己規制について」に当てています。同部「徳の性格について」の最後になぜこの議論を持ってきたのでしょうか。

ここで、二大会連続でオリンピックでメダルを獲得した女子マラソンランナーである有森裕子さんの発言を思い出していただくところから入ってみましょう。彼女は二大会終了後のインタビューで「私を褒めてあげたい」と答えていました。これは並大抵なことでは口にすることができない発言であると私は思ってしまいます。彼女はトップアスリートとして努力を積み重ねてきた人です。日々の練習量の多さも当然のことですが、人一倍努力して頑張ってきた方であることを、あるテレビ局が特集番組を組み、放映していたことがあります。無名だった時代から陸上界で認知される存在へ、そして世界の頂点へと歩んだ彼女の日常を私たちはたやすく想像できるでしょうか。通常であれば、所詮は自分の世界とは違うからと切り離すのですが、そうかといって、オリンピック競技の映像を見れば、応援せずにはいられないのが、普通の私たちではないでしょうか。どんな分野でもプロフェッショナルな人であれば、自らに何らかの目標を課して、それをクリア、達成できるように日々の努力や練習に励んでいくことは当然のはずです。

有森さんは、自らに二大会連続メダル獲得という目標を設定したのでしょう。そして、その達成のために、プライベートな時間を犠牲にして、自らを厳しい状況＝練習に追い込むことによって、自らが設けたステップを一つずつクリアしていったものと想像されます。まさに、ストイックな生活であり、プロとして目標を目指す「姿勢」は、周囲の人々にも、あるいは彼女を目撃するという空間を共有している人にも、その空気を肌で感じられたものと推察できます。周囲の人々は、そのような彼女の姿を見て、ひとりのプロアスリートという認識の下に、尊敬の念を抱いたのは間違いありません。彼女が周囲の人に「しんどい」とか「苦しい」という軽率なことを漏らすことはなかったと考えられます。それだけ自らをコントロールしていたはずです。だからこそ、あの有名な「私を褒めてあげたい」という発言につながったと思います。高いハードルを自らに課することによる重圧は相当のものでしょう。そのハードルを跳び越えたからこそ、自らのこれまでの道程を振り返って一瞬、手綱を緩めてやったのだと思われます。

■自分を評価するとは

私たちの生活の中でも、各人が自らの目標を立てて、日々暮らしている人が多くいるものと思います（私も、そのひとりであると本人は思っているのですが）。

しかし、その目標の立て方自体が問題として取り上げられるのが、「自己規制について」の項目にあり、さらに「自己評価の原理」につながる重要な箇所があるのです。

「自己評価の主観的原理は、高すぎることもありうるし、また同様に低すぎることもありうる。我々自身を高いものと考えることは、ひじょうに快適であり、つまらぬものと考えることは、ひじょうに不快であって、そのために当人としては、ある程度の過剰がどんな程度の不足よりも不快さが少ないにちがいないということを、とても疑うことができないほどである。だが、中立的な観察者にとっては、ものごとはまったくべつにみえるにちがいないと、おそらく考えられうるであろう。すなわち、かれにとっては、不足はつねに、過剰よりも不快さが少ないにちがいないと、考えていいのである。」（下、一七三–四頁）

私たちは自分の評価を高くすることに快さを感じ、自分の評価が低いと不快さを表に出すのは、至極当たり前のことではないでしょうか。ですから、例えば、あなたが企業人で、明日の重要なプレゼンテーションのために資料作成等の残業をしている自分を評価するとき、あなたは自らの頑張りに満足——自負——し、「出来る奴」と自分のことを思うかもしれません。さらに、周りの同僚や後輩がそのようなあなたを見て、あなたの努力や辛抱強く仕事に取り組む姿＝姿勢を評価してくれるかもしれません。このような周りからの評価が加わることによって、あなたは自らの評価に自信を持ち、あなた自身の内なる評価も確固たるものになっていき、あなたにとって非常に快適な雰囲気がその職場に、あなた自身の日常に現れてくるかもしれません。

しかし、プレゼンの当日、あなたは上司と得意先の前で、大失態を演じてしまったら、どうなるでしょうか。それに追い打ちを掛けるように、商談が解消されるという最悪の事態が起こった場合、あなたの落胆は並大抵のものではないはずです。自らの失態を人生における最大の失敗と位置づけ、この世から消えたいという絶望感を持つかもしれません。本当に自殺を考えるかもしれません。そのときのあなたの自らに対する評価はどのようなものでしょうか。また、周囲のあなたに対する評価はいかがなものでしょうか。端的に次のことは明らかでしょう。あなたの自己評価は最悪なものでしょう。自らの存在意義さえ疑わしいものとなるでしょうし、不快さを通り越して、絶望の深みに身を置いていることになるでしょう。また、周囲の人々のあなたに対する評価は、一時、とてつもなく落ちることは間違いないでしょう。大事なプロジェクトの契約を取り逃がした責任さえ追及する声が上がるでしょうし、上司の信頼を失い、昇進のチャンスを逃すかもしれません。

では、ここで一つ別の想像をしてみてください。確かにプレゼンの失敗がプロジェクトの契約の解消となったことは事実なのですが、もし、あなたが普段から有能で、仕事をきっちりとこなしていくタイプの人であった場合、あなたと周囲の評価はどうなるでしょうか。まず、あなたは、上述のとおり、自己の責任を人一倍感じ、自らの不甲斐なさに対して猛反省するにちがいありません。次回こそ、ここで失われた信頼を取り戻すべくポジティブに自己の心を奮い立たせるかもしれません。一方、周囲の人々はあなたの能力と仕事振りを知っている場合、あなたの失敗にはそれなりの理由があり、あなたに対してその訳を探るべく優しく声を掛けてくれることもあるでしょう。さらに、あなたを信頼していた上司も、あなたの個人的な仕事に支障がでるような出来事があなたを見舞ったのではないかと、あなたを居酒屋に誘うかもしれません。この場合、あなたは唯一の失敗が引金になって、職を失うということはおそらくないでしょう。

さらに上の状況を少し入れ換えたらどうでしょうか。あなたは普段、あまり有能とはいえない仕事振りで、それと同様に上司や同輩・後輩からもあまり信頼されていない人物であったのですが、運が味方して大きな商談を独りでまとめあげたと想像しましょう。このときあなたの自己評価はどうでしょうか。あなたは次のように考えるかもしれません。この商談をまとめてきたのはこの俺様である。これが本当の俺の実力であるから、当然、上司も仲間も俺の仕事の成果を認め、高く評価して当たり前だ。このような成功をこの企業にもたらす人間は俺の他に誰がいるだろうか等々。あなたは自惚れ、スミス流にいえば、「自己感嘆」の極みのような発言を延々続けるかもしれません。このことからお分かりのとおり、あなたの自己評価は天井知らずといっていい快適さを満喫しているかもしれません。一方で、あなたの周囲の反応はどうでしょうか。一つ目の反応として、「へぇー、君もやるもんだね」というように、一定の評価をしてくれる人たちがいることでしょう。二つ目の反応として、「まぐれだろう」といって、日頃のあなたの働きを知っている人たちのいつもと変わらぬあなたへの評価があるかもしれません。中には、あなたの部下で、「さすが先輩。これからも先輩を見習ってついていきます」とおべっかをいう者もいるかもしれません。また、上司から、「君の実力を見くびっていたよ。見直した」という声を聞くこともあるかもしれません。一度の成功が周囲のあなたへの評価を一変させて、あなた自身ますます傲慢な態度をとるようになるのかもしれません。

▣自己評価には二つの規準がある

スミスは、「自己評価」には二つの基準があるといっています。

「我々自身の値打ちを評価するにあたって、我々自身の性格と行動について判断するにあたって、我々が自然にそれらと比較する、ふたつの規準がある。そのひとつは、厳密な適宜性と完全性の観念であって、我々のおのおのがその観念を理解しうるかぎりでの、それである。もうひとつは、この観念への接近の一定の程度であって、それは、この世でふつうに達成されていて、我々の友人たちと仲間たち、我々の敵たちと競争相手たちが、実際に到達したであろう、程度である。」

（下、一七五頁。傍線は引用者）

スミスは別の箇所で、上記の規準をこのように言い換えています。第一の規準（前者）を「理想的な完全性の規準」、第二の規準（後者）を「通常の完全性の規準」（下、一八一頁）といっています。そして、スミスは、私たちはどちらの規準に自らを合わせるかによって、自らの意識と感じ方が異なることを述べるのです。

「我々の注意が第一の規準にむけられるかぎり、我々すべてのなかで、もっとも賢明でもっともすぐれた人でさえ、かれ自身の性格と行動のなかに、弱点と不完全性しかみることができないし、傲慢と僭越の根拠をなにも発見することができず、謙遜、後悔、悔悟の多くの根拠を発見することができる。我々の注意が第二の規準にむけられるかぎり、我々は、つぎのどちらかのやり方で感受作用をうけるのであって、我々自身が、我々が自分を比較するその規準の、ほんとうに上にあると感じるか、ほんとうに下にあると感じるかの、どちらかなのである。」（下、一七五―六頁）

もし、あなたが自惚れやさんでなければ、すぐにスミスの示した第一の規準の意味がお分かりになると思います。第一の規準を持ち続けるということは、それ自身、「向上心」という言葉で置き換えることができるでしょう。したがって、第一の規準は「高い理想」といってもいいかもしれません。ですから、私たちが日常生活をしながら、高い目標や高い理想を挙げて、つねにそれに向かって「向上心」を持ち続けるのであれば、自分への評価はその目標へ到達しないかぎりは高まらないし、満足できるものとならないはずですし、自らをその規準に照らしたとき、自らの様々な欲望や雑念を自己規制することによって、少しでも早く自らの理想とする対象となるべく、精進することになるでしょう。スミスが「傲慢と僭越の根拠」を見つけることができないというのもすぐに理解できるところではないでしょうか。

実は、スミスが問題視したのは、第二の規準の方なのです。

「自分たちの値打ちを評価するにあたって、自分たちの性格と行動を判断するにあたって、かれらの注意のなかばをはるかにこえる部分を、第二の規準に、すなわち他の人々によってふつうに達成される、通常の程度の卓越にむける人物のなかには、ほんとうにそれよりずっと上であり、みずからそう感じるのが正当である人々、そして、豊富な知識をもった中立的な観察者のすべてによってそうだと認められる人々が何人かいる。しかしながらそういう人物の注意は、つねに主として、理想的な完全性の規準にではなく、通常の完全性の規準にむけられているので、かれらは、自分たちの弱点と不完全性についての感覚をほとんどもたない。かれらは、ほとんど謙虚さをもたず、しばしば僭越でうぬぼれているし、かれら自身のたいへんな感嘆者であり、他の人々のたいへんな侮蔑者である。」(下、一八一頁)

上述の内容は、繰り返して解説する必要はないほどお分かりになるでしょう。いかに私たちの周りに第二の規準のみに囚われた行動や態度が多いことか。スミスがいうように、本当に実力を持っているであろう、世間並みの規準をあっさりと超越している人物が、謙虚でなく、傲慢で、自惚れの強い態度をとり、他の人々を馬鹿にしているような言動をとることも、最近では珍しくなくなっているような気がします。そのような人物は、スミスが先に示した第一の規準「理想的な完全性の規準」は持ち合わせていないといえます。さらに、スミスはそのような人物の危険性を指摘します。もし、そのような人間が「高い身分と大きな権力」を持っているとすれば、また、彼を支持する多くの人々が党派的に集結し組織立っている場合、本来冷静な判断を下す人であっても、彼らの熱気に巻き込まれて、誤った方向へ流されることがある旨、スミスは警鐘を鳴らすのです。

ここで想起されるのが、やはり同部第二篇で危険性を指摘された「体系の人」です。当該箇所での「体系の人」の代表格としてスミスが取り上げるのは、主権者や王侯、為政者たちですが、彼らは自らの求める政治体制を樹立しようとして、さらに、自らの指導力と判断力の優位性を始めから持っているので、自分自身を過大評価してしまうのです。ですから、彼らは自らの判断が最高規準であるとして、国民個々人の運動原理を無視して、多くの国民を従わせようとするのです。そのことを明確にしたのが、次のスミスの記述部分です。

「かれは、チェス盤のうえの駒が、手がそれらにおしつけるもののほかには、何の運動原理ももたないこと、そして人間社会という大きなチェス盤のなかでは、すべての単一の駒が、立法府がそれにおしつけたいと思うかもしれないものとまったく違った、それ自身の運動原理をもつということを、まったく考慮しないのである。」（下、一四四頁）

まさに主権者としての「最高度の傲慢」が、ここでは示されているのです。よく政治家の方々が、「国民の立場に立って」とか「皆様の目線で」というフレーズを使っているところですが、私たちが素直に疑うように、彼らは本当に私たちの立場に立って、あるいは中小企業経営者の立場に立って、高齢者の現状に鑑みて、さらには、少子化で矢面に立たされている若い女性たちの立場に身を置いて、政策・立案をしているのでしょうか。多くの官僚の方々も同じです。キャリア組と呼ばれる方々は、エリート校を卒業し、難関といわれる国家試験を合格し、各省庁で職に就かれることになります。高い志を抱いて、国家公共への貢献を掲げ、公務員の鏡を目指される人もいらっしゃるはずです。しかしながら、現実において、すべてではないにしても、官僚の方々のある部分の人たちは、自らの能力の優秀性・卓越性――通常、世間一般という水準と自分を比較して――に自惚れ、過度の自己評価を自らに許すことをつねとし、憚ることなく仕事を遂行しようとする方もおいでになります。彼らは、自らが立案・作成した計画へ横やりが入るや否や、激怒し、たとえ欠点を指摘されても、頑に自らの当初案をごり押ししてしまうのです。いかに国民が置かれた環境が変化しようとも、自分が考案した諸制度・体系が完璧であると信じ込み、自らの才能に酔いしれるという人々が出現するのも、今に始まったことではありません。

このような人たち――スミスのいう「体系の人」たち――は、普段から第二の規準「通常の完全性の規準」をあっさりと越えているために、もしかするとそれ以上の規準＝第一の規準「理想的な完全性の規準」があることを忘れているか、あるいは無視して日々の仕事をしているとすれば、「国家繁栄もここまでか」とか、「日本に明るい未来はないかも」という言葉を吐きたくなっても仕方のないことかもしれません。国家的繁栄の限界性が見えてくるところです。

るのも事実です。

■ 過度な自己評価は「自己チュウ」の証拠

現実社会は、スミスが彼の時代――近代商業社会――に批判した対象と出来事が、今も変わりなく同じレベルで――環境は変われど――存在し続けていることを証明しているといえましょう。私たちを取り囲む物質社会では、ただただ、上述のような規準を持たないまま過ごしている多くの人々がいるのも事実です。

例えば、労働政策・研修機構の二〇〇六年度の調査が新聞紙上に掲載されていたところです。「十八～二九歳の男女の半数がフリーターまたはフリーター経験者」であるというものです。さらにその調査では、フリーターを三分類しています。①「夢追求型」、②「モラトリアム型」、③「やむを得ず型」です。そして、それぞれのパーセンテージが、①二四・五％、②四四％、③三一・四％でした。同機構のコメントは、「フリーターでも生活できるようになり、自分の夢を追いかける人が増えているのではないか」というものでした。この場合の自分の夢とは一体何でしょうか。「個々人異なっているから、それ以上追究できないよ」と私に声が掛けられそうです。でも待ってください。③の「やむを得ず型」は家庭の事情が関わるとして除くとしても、①と②の類型は本当に放置しておいてもいいものなのでしょうか。また、現代ではニートの問題もクローズアップされているところです。多分多くの若者が何らかの形で過度な自己評価をしているものと思われます。それを極端に単純化すれば、

「自己チュウ」（自己中心主義）といってもいいのかもしれません。自らを過大に評価しているからこそ、傲慢になれるのだし、彼らの思考の中に他者存在を想像できる力が欠如しているから――自らを社会の成員のひとりであるという自覚のなさ――、自分以外の周囲の人々に対して、横暴な態度や無視（シカト）という行為がとれるものと思われます。そういう彼らも自らの仲間を持っているのです。

次のような愉快な（？）発言をスミスは残しています。

「けっして白痴と考えられていないおおくの人物が……高慢の本能によって、かれらは自分たちを、年齢と境遇において自分たちと同等の人々と、おなじ水準におく。そして、勇気と不動性によって、かれらの仲間のあいだで、かれらの適切な地位を維持するのである。」（下、二〇八頁）

多くの人々が「高慢の本能」によって、自らを取り囲む環境の中で、自らの地位を維持しようというのです。やむを得ない事情により、就職できなかった人々は別としても、「夢追求型」や「モラトリアム型」、さらにニートと呼ばれる若者たちは、これまでの短い人生の中で、彼らが受けてきた家庭教育や学校教育の中で、スミスが述べた二つの規準に近いものを教えられてこなかったのではないかと思われます。「夢」といっても、実現可能な夢と不可能な夢の二種類があるわけですし、「モラトリアム」といっても、まったくの現実逃避の場合もあれば、自己保存的（外界への危機を直観的に感じたり、アイデンティティの再構築過程に留まったり）な場合もあるでしょう。ニートにおいては、様々な要因――本当に精神的疾患の場合もあります――が考えられるとは思いますが、一種のモラトリアム的色彩を持っていると私は感じます。スミスの指摘した「規準」を、あるいはそれに変わるような考え方——あるときは「価値観」という言葉に置き換えることも可能かもしれない——を、現在の高度情報化社会は私たちに明示しているでしょうか。

■「第一の規準」が消滅した社会に生きて

以前「勝ち組、負け組」という流行語がありましたし、今では「格差社会」が流行しています。その分派として「下流社会」という語も私たちが眺めてきたところです。これらの流行語は何を基準として作られたのでしょうか。そう考えたとき、とくにスミスの第一の規準「理想的な完全性の規準」——別のところでは「厳密な適宜性と完全性の観念」(下、一七五頁)——が、あるいはそれに代わるような規準なり観念・価値観が使われていないことに気づくはずです。このような規準が、上述の流行語が使われる環境では、まったく無視され、放置されたといってもいいでしょう。

ここでいえることは、流行語の発信者たちは、スミスの述べた第二の規準「通常の完全性の規準」、あるいはそれに類似した思考のみを視野に入れて、日常社会を心なく切り刻んだという事実です。

さて、振り返って考えてみてください。第一の規準を持たない、ということ。これは「持たない」のではなく、「持つ」ように教育されてこなかった、指導されてこなかった社会に生まれ育てば、その存在自体も知ろうはずはありません。そのような彼らはいきなり第二の規準「通常の完全性の規準」

だけを押しつけられ、他者よりも早くその規準に到達するように仕向けられます。しかしながら、もし、その規準に到達するや否や、彼らは自らの目標＝規準を喪失するという現実に遭遇することになるのです。ここで、明確に第二の規準を中心とした「上」と「下」の格差が歴然と存在することになります。もし、「上」に属することができれば勝ち組となり、「下」に属せば負け組となるわけです。さらに前者であれば自らの評価を誇示できると同時に傲慢な立ち居振る舞いを身につけ、後者であれば自らの評価を護身的に守るために「高慢の本能」に動かされて、自己チュウ的な振る舞いをする。

このような社会には、与えられた、あるいは押しつけられた「通常の完全性の規準」しか存在していないのです。個別であるはずの自己の育成速度や人生でのオリジナルなライフプランがあってもいいはずなのです。しかし、すべては誰かによって与えられた「規準」を絶対的な指針として仰ごうとしている、あるいは仕向けられているのです。

第一の規準「理想的な完全性の規準」は、上述の社会では、たとえ前の時代にはあったとしても消滅（デリート）させられ、国家教育の部面では取り上げられなかったといえましょう。

■ 豊かな社会が失ってきたもの

第一の規準があって初めて、私たちは「徳」のあるものがどのようなものであるか理解、認識できるのではないでしょうか。もし、第二の規準のみの社会があるとすれば、その社会に本当に善きものの概念は存在するのでしょうか。私たちは、すでにスミスの「同感の原理」を確認することによって、社会形成の諸感情交流から、是認できる行為や否認すべき行為等を概観してきたのです。その同感感情が、ある意味、スミスの述べる「通常の完全性の規準」としての、行為の一般的諸規則を私たちに提示し、その枠組みを越えるものの存在を感じる・意識することで、感嘆すべき、あるいは称賛、尊敬すべき存在や行為等を私たちは良きもの、善きものとして高く評価してきたのです。

第一の規準「理想的な完全性の規準」があってこそ、第二の規準「通常の完全性の規準」は社会的な一定の評価を得られるのです。前者の規準があるから、私たちは自らの欲望の強烈な情念を抑える=自己規制することの大切さや前者への努力への高い評価を得られるわけです。私はもう一度、第二の規準のみによって行動する人をスミスが指摘している言葉を挙げておきます。

「かれらは、自分たちの弱点と不完全性についての感覚をほとんどもたない。かれらは、ほとんど謙虚さをもたず、しばしば僭越で傲慢でうぬぼれているし、かれら自身のたいへんな感嘆者であり、他の人々のたいへんな侮蔑者である。」（下、一八一頁）

私たちは豊かさを追求するために、多くの——個別の——文化や伝統をそれに反するものとして追いやり、放置し、消去さえしてきたのではないでしょうか。とくに、スミス自身が古典経済学の父として確固たる地位を築いてきたわけですが、彼が著した分業論の議論の未来の生産性の飛躍的向上や多岐分野に渡る効率化の波が生み出した規準こそが、実物主義であり、成果主義という「第二の規準」

＝「通常の完全性の規準」であり、世界の多くの人々の目に見える生活水準のボトムアップではないのでしょうか。今日では、その「第二の規準」がグローバルスタンダードという呼び名に代わり、世界の画一的進歩に加担しているといえそうです。

そのように近代経済社会の自由な個人の利益追求の姿をスミスは描いてみせたわけですが、皮肉にも、否々だからこそ、彼は、近代での諸国民の富の増大が招く経済社会での人間性の変質にいち早く気づいたのです。だから、『国富論』執筆後、私たちがすでに見てきたように、『道徳感情論』第六版を死を前にして刊行することによって、健全な人間本性の指針を残そうとしたのではないかと推測されます。

同様な危惧を抱いていた先達が我が日本にもいました。例えば、近代において、新渡戸稲造氏の『武士道』は明らかに、スミスの述べる「第一の規準」に関わる内容の議論であるといえます。徳＝「善き姿勢」としての「義」、「勇」、「仁」、「礼」、「誠」、「名誉」、「忠義」が取り上げられていることは、周知のとおりです。また、「武士道精神」に触れて、近年ベストセラーとなった藤原正彦氏の『国家の品格』（新潮新書、二〇〇五年）も同じカテゴリーの書物といえましょう。私は、藤原氏の同書の中で、筆者自身が強調している「情緒」と「形」の指摘こそが、スミスの「第一の規準」に当てはまるものと考えます。また、ここで私の専門分野「社会思想史」の重鎮のおひとりである田中正司氏の『日本の明日を考える――二一世紀の救世主はケインズかアダム・スミスか――』（実践社、二〇〇四年）で、私の記憶に印象的に残っている言葉があります。「人間として従うべき型」という表現です。これは同書の教育論の中で扱われています。著者の言葉を挙げておきましょう。

「芸術にはそれぞれ型（Form）＝決まり・制約があって、それに従うことが大前提になっています。それをマスターすることが成長の始まりで、己を捨て型を身につけたときに自然に滲み出てくる枠を超えたものが、その人の独自の芸風を構成することになるのです。教育も同じで、型を与え、型に従うことで人間は成長するのです。同時に、それがすべてではないところに教育の極意があるのです。親に厳しくしつけられるままにおとなしくしている子はよい子であっても、それにとどまります。いわゆる反抗期の問題につながりますが、人間は自ら作った、あるいは作られた枠に反抗することを通して成長するものです。」（同上、一九三頁）

上述で触れた各論者の「徳」、「情緒」、「型」は、どうもスミスの「第一の規準」に共通すると、私には感じられるのです。

■ 新しい「形」を創造しよう

スミスは、『道徳感情論』の「第六部の結論」において、私たちの「自己規制」が「適宜性感覚」に依っている旨を指摘しています。すでにお分かりのとおり、状況に応じた最適な判断を下そうとする感覚こそが、私たちの素の欲望や欲求をコントロールしてくれるとスミスは語るのです。「この原理が課する抑制なしには、すべての情念は、たいていの場合、それぞれ自身の充足にむかって、もしそういってよければ、むこうみずに突進するであろう」（下、二一四頁）と。さらに、自己規制の能力が社会性に必要であることは、私たちはよく心得ているのですが、そのことをスミスは次のように表現します。

「他の人々の感情がどうであるか、あるいはどうであるべきか、あるいは一定の条件のもとでどうあるだろうかということへの顧慮が、たいていの場合、それらすべての反逆的騒乱的な情念を威圧して、中立的な観察者がついていくことができ同感することができるような、調子と度合いにする、唯一の原理である。」（同上）

スミスは『道徳感情論』を通して、「適宜性感覚」、「中立的な観察者」、「自己規制」を同列に扱っています。スミスの「同感の原理」の根源である、相手に関心を持つ、相手の状況を考慮するためには、想像力が欠かせないことは論をまたないでしょう。

これまでに、私たちはスミスを通して、第一の規準である「理想的な完全性の規準」と第二の規準で「通常の完全性の規準」の性格分析と近代以降の実態＝実物・効率化社会の規準が、どうも第一の規準を駆逐して、安易に目に見える第二の規準を押し立て人間を動かしてきたことを確認してきました。その現状を認識するがゆえに、私たちは第一の規準を回復すべく、その必要性とあり方――「徳」、「型」、「姿勢」、別言すればそれらは「理想形」とでも呼んで差し支えないもの――を明確に考察する場に足を踏み込んだといえましょう。

とはいえ、必ずといっていいほど、皆さんの中から、「そのような議論は机上の空論ですよ」、あるいは「果たして、多くの人にそのような議論が受け入れてもらえますかね」という苦言・反論をいただくのは想定の範囲内です。しかし、そのような方々に最初に次のことを質問しましょう。「あなたは、自らの内に何らかの将来像を持って生きていないのですか。あるいは、もっと身近で、あなたは自らの明日以降の予定を把握していないのですか」と。私たちは最低限、近々の行動予定とそう遠くはない将来の予定を把握なり、計画なりしていることが普通のことであると思います。少々、視野を広げるとすれば、あなたはその場限りの対処的な行動だけしているわけではないはずです。もし、すべての人々が何の予定・計画も立てず無秩序に動くとすれば、世界の未来はすでに閉ざされているといってても過言ではないでしょう。すでに日本の、世界の未来はデリートされたと。「理想論」、「机上の空論」を具体化していこうとする意思、意欲、志が正当な「型」を作り、新しい「形」を創造するのです。私たちはスミスの次のメッセージへ目を移していきましょう。

愛すべき対象になりたい私たち

■ 市場社会は「フェア・プレイ」な姿である

スミスは前節で扱った「徳の性格について」と同様に、ストア哲学に関わる章句のまとめを行いました。ここでは、その他の『道徳感情論』増補部分、第三部第二章「称賛への愛好について、称賛にあたいすることへの愛好について、また、非難への恐怖について、非難にあたいすることへの恐怖について」をご紹介していきます。

スミスはその冒頭部分を次のように書き出します。

「人間は自然に、愛されることだけでなく、愛すべきものであることを、すなわち、愛情の自然で適切な対象であることを、欲求する。かれは、自然に、憎悪されることだけでなく、憎悪すべきものであることを、すなわち、憎悪の自然で適切な対象であることを、恐れる。かれは、称賛だけでなく、称賛にあたいすることを、すなわち、だれによっても称賛されないとしても、それにもかかわらず、称賛の自然で適切な対象であることを、欲求する。かれは、非難だけでなく、非難にあたいすることを、すなわち、だれによっても非難されないとしても、それにもかかわらず、非難の自然で適切な対象であることを、恐れる。」（上、三七九頁）

スミスはその後、自由資本主義市場社会では自明の「競争心」の本来持っている社会性を次のように提示します。

「我々がその性格と行動を是認する人々にたいして、我々が自然にいだく愛情と感嘆は、必然的に、自分たちが同様の快適な諸感情の対象となること、そして我々がもっとも愛し感嘆する人々と同じく愛すべく感嘆すべきものに、自分たちがなることを、欲求する気持ちを我々におこさせる。競争心、すなわち我々自身が卓越したいという熱心な欲求は、もともと、他の人々の卓越にたいする我々の感嘆に基礎をもっている。」（上、三八〇頁）

すでに多くの方々の理解を得ていると思うのですが、スミスは決して自由放任主義者ではなかったという事実を、簡単に確認しておきたいのです。どうも近代経済学を中心に研究している人たちの中には、スミスの『道徳感情論』における人間行為論分析を知らないのか、あるいは無視してスミスの経済学体系を批判する傾向が今でも散見されるのです。読者の皆さんはご存じのとおり、スミスの社会形成論の中核としての「同感の原理」を私たちが持っていること、さらに、私たちは、その同感感情に支えられた「フェア・プレイ」（上、二二八頁）の精神を持って、生活しているし、その倫理性があらゆる分野——経済、政治等——で浸透し、ルール性の重要性についてスミスが指摘していることを知っています。

したがって、資本主義の歴史の中で登場する「野蛮な独占資本主義」的な行為は、スミスからすれば、健全な自由資本主義の「姿」ではないことは容易に想像がつくはずです。「フェア・プレイ」が記述される文面も、皆さんの中でご存じない方のために載せておきます。

「富と名誉と地位をめざす競争において、かれはかれのすべての競争者を追い抜くために、できるかぎり力走していいし、あらゆる神経、あらゆる筋肉を緊張させていい。しかし、かれがもし、かれらのうちのだれかを、押し退けるか、投げ倒すかするならば、観察者たちの寛大さは、完全に終了する。それは、フェア・プレイの侵犯であって、かれらが許しえないことなのである。……したがって、かれらは躊躇なく、侵害されたものの自然の憤慨に同感し、加害者は、かれらの憎悪と義憤の対象となる。かれは、自分がそうなることに気づき、それらの感情がいまにもあらゆる側面から、かれに向かって暴発しそうであることを、感じるのである。」（上、二一七−八頁）

これでお分かりのとおり、スミスは「フェア・プレイ」の精神を基本においた競争社会を構想していた、否々、市場社会とはそうあらねばならないという「姿」を私たちに明示していることに気づくはずです。

■ 競争心こそ、人々を結びつける

「競争心」とは、似非平等主義者の方がいうような悪の効果・結果をもたらすものではないのです。私たちは「競争」世界で、先輩・同輩・後輩に、あるいは、親友に出会うのです。例えば、あなたがアスリートであれば、大きな大会で、自分より実力のあるトップアスリートの姿を、また競技へ向かう顔つきを、さらにはどのように自分の精神を統一してゆくのかも目撃するはずです。そして、あなたは彼らの姿から何らかの刺激を受けて、自分も少しでも彼らのレベル——表彰台に上り、称賛される——に近づきたいと思うでしょう。また、あなたがＩＴ技術者であれば、他社製品を研究し、もし、他社の技術で優れていると認める部分があったならば、それを上回る技術をもって新製品を市場に提供しようと思うでしょう。それぞれプロ、アマの世界やそのレベルの違いはあるとしても、「競争心」とは、私たちの様々な分野の進歩・発展に大きな役割を果たしていることは否定できないでしょう。

スミスが『国富論』の中で、商業国家間同士の競争がどのようなものであるかを下記に指摘しています。

「まさにこの競争が、その国民大衆にとっては利益となるのであって、このような富んでいる国民が、さまざまな方面に所得を支出してよい市場を提供するのだから、それによっても、国民大衆は非常な利益を受けるわけである。」（『国富論』Ⅱ、一九七八年、一八七頁）

スミスは上のように述べて、重商主義的な一国繁栄論への批判を行っているのです。スミスは、商業こそ諸国民の間に「和合と親善」（同上、一八五頁）を導くものであり、「財を築こうとする個人」（同上、一八七頁）であれば、大きな富が動いている場で活動することを望むのであって、それを規制するような政策等に警告を発しているのです。さらには、商業活動の場が「個人の良識を導く原則」（同上）

の場であり、その活動の場でのルール――良識の集積――は当然、同感の原理から生まれた個々の「フェア・プレイ」の精神を尊重する場なのです。

「競争心」とは、私たち個々人が「卓越したいという熱心な欲求」の現れであり、かつ「他の人々の卓越にたいする我々の感嘆に基礎をもっている」という事実を、私たちは再確認する必要があるでしょう。上述の内容は、「競争心」の持っている性格、つまり他者への排除性や排他性という通常のイメージへの疑問と修正を促しているともいえます。

最近の幼稚園や小学校での平等主義は少し首を傾げるものがあります。すでに多くの論者も指摘している事柄です。例えば、徒競走ですが、運動会前の練習を通して、同じ程度のスピードで走るグループを作り、誰かが極端に遅れることをなくしたり、当日も着順位を明確にしない、というものです。本当にこれで子供たちは満足するのでしょうか。ハッキリいって、これは親のエゴが罷り通った一つの例ではないでしょうか。また、次のような学芸会があったことを聞いたことがあります。「桃太郎」の芝居で、主役の桃太郎が三人、おじいさんが三人、さらに、おばあさんが三人というように、複数の子供たちが同一の役を、それも同じ舞台で台詞を振り分けて行うというものです。どうも、これも親たちの身勝手さから提案されたとしか思えません。ご承知のように、デジカメ・ビデオを持った親の多さ、さらには被写体としての我が子を主役にしてほしいという要望、というより先生方への圧力。また報道カメラマンよろしく、傍若無人に他の観客の迷惑をまったく省みず、我が子だけをフレームに納め続ける親たちの所業。

なぜこのようなマナー違反、非常識を大目に見ているのでしょうか。教育サービスを提供する幼稚園・学校側にとっては、少子化という環境の中で、これ以上児童の数が減っては大変だということ、自らの職場の存続という死活問題も手伝い、卒園生たちの親からの悪評が流布しないように対処した結果が、上述の様を許したのです。私も幼稚園のころ学芸会で、「桃太郎」の舞台に立ちました。主役ではなく猿の役でしたが、子供にとっては、主役だろうが、脇役だろうが、はたまた木々であろうが、そんなことは大した問題ではないでしょう。

なぜ、順位をつけないのですか。なぜ、主役が三人も必要なのですか。なぜ「競争」をそこまで封じ込めようとするのですか。悪しき平等主義が今の社会の一端を造ってきたのではないかと思えてなりません。駆けっこが早い男の子がいれば、彼はそれだけでクラスの中で尊敬されます。また役の気持ちを直ぐに飲み込む女の子がいれば、彼女が桃太郎を演じることによって、人気者になれるでしょう。彼らは、周りの友人たちから尊敬されたり、褒められることによって自らの励み——向上心や努力——にするようになるでしょう。様々な事柄で、その子が輝く分野が必ずあるはずです。それをお互いに認め合う場に競争はつきものですし、競争の場で、子供たちは自分にないものを友人たちが持っていることを知ることによって、彼らは多くのものを相互に学んでいるのです。自分にないもの、あるいは今はできないが、友人ができるのだから自分もいつかはできるようになりたいと思うこと＝

意思することが大切ではないでしょうか。

スミスの述べるとおり、「競争心」は他者の才能・成果を発見し、自らの中に彼らへの敬意や称賛を生み、さらに彼らのような卓越したものを獲得したいという、きわめて適正で健全な欲求や感情を醸成するのです。スミスは、「かれら（他の人々）の明確な是認は、我々自身の明確な自己是認を、必然的に強固にする」（上、三八一頁）と主張します。私たちは周りの人々に認めてもらうことによって、自らの存在への確信、自信――アイデンティティ――を固めていくのです。

■「是認されたい」という欲求

次のスミスの叙述が、これまでのテーマと先に見てきた「第一の規準」と「第二の規準」の内容と重なってくる重要な箇所だと私は思います。

「自然は、人間を社会的に形づくったとき、かれにたいして、かれの兄弟たちを喜ばせたいという本源的な欲求と、かれらに不快をあたえることへの本源的な嫌悪とを、授けた。」（上、三八一頁）

さらに、スミスの言葉を続けます。

「自然はかれに、是認されることについての欲求だけでなく、是認されるべきものであることについての欲求を、すなわちかれ自身が、他の人々についてかれが称賛する、そのものでありたいという欲求を、授けておいたのである。第一の欲求はかれに、社会に適していると見られたいという希望をおこさせることができただけであろう。かれが熱心に、ほんとうに適合したいと思うようにするには、第二のものが必要だった。前者はただ、徳性の見せかけと悪徳の隠蔽へと、かれを促すことができただけだろう。後者は、徳性への真の愛好と悪徳への真の忌避とをかれにふきこむために、必要であった。」（上、三八二頁。傍線は引用者）

スミスは上述の中で、二つの気持ちを明示しています。一つ目が「是認されることについての欲求」、二つ目が「是認されるべきものであることについての欲求」です。さらに、前者の欲求が「徳性の見せかけと悪徳の隠蔽」へと人々を動かし、一方、後者の欲求は「徳性への真の愛好と悪徳への真の忌避」へ人々を促す、としています。この前者の欲求「是認されることについての欲求」は、まさに第二の規準「通常の完全性の規準」に相通じ、後者のそれ「是認されるべきものであることについての欲求」は、第一の規準「理想的な完全性の規準」に適合するのではないでしょうか。各々の欲求が促す行動についても再び確認しておきましょう。

前者の欲求は、「社会に適していると見られたいという希望」を抱きつつ、「徳性の見せかけと悪徳の隠蔽」を促すというのです。では、先に示した第二の規準「通常の完全性の規準」はどのような人物を作り出したかを想起してみてください。明らかに通常の規準を超えた能力を持ち、成果を出した人たちは、競争という場面での勝利者であることに違いはありません。また、大方の観察者たちも彼らの仕事ぶりを認めているし、同じ仕事をしている仲間なら当然彼に対して敬意を払ったり、賛辞を送ったりしているかもしれません。さて、その他者から高い評価を得られる彼ら――称賛や感嘆を集める人たち――の態度はどのようなものになったでしょうか。また、スミスは彼らをどう評価したのでしょうか。彼らはほとんど謙虚さを持ち合わせておらず、傲慢であり、恒常的で過度の自己評価をし、他者を見下して、軽蔑すらする態度をとる、とスミスは指摘していました。加えて、そのような彼らは自らを第一の規準に照らし合わせたことがない人々である、とスミスは述べていました。そして、前者の欲求が「徳性の見せかけと悪徳の隠蔽」を促す――というより、誘うのかもしれませんが――ことを考えれば、これは明らかに、これまで考察してきた道徳的腐敗の姿として看過され得ないところです。

第二の規準を満たしている人々は、世間から「是認されることについての欲求」を満たしていることは多くの場合ありうるでしょう。しかしながら、もし第二の規準に手が届きそうだけれどもいまだ到達していない人々はどう考えるのでしょうか。当然、一刻も早く、世間から是認されたい、あるいはそれ以上の評価を受けたいという欲求を強く持つことは間違いありません。ここでも思い出されるスミスの言葉――「この羨望される境遇に到達するために、財産への志願者たちはあまりにしばしば、徳性への道を放棄する」（上、一七〇頁）――があります。

現実社会における通常の多くの人々が持つ欲求こそ、財産・利益獲得の卓越性という前者の欲求であり、「徳性の見せかけと悪徳の隠蔽」が闊歩する環境を作り出したといえます。営利目的のみに目を奪われた企業における粉飾決算などはその最たる事象でしょう。世間から自らの企業の認知度・信頼度を高めるためにあたかも優良な決算報告と展望ある事業計画を喧伝することによって、自らの企業を良く見せようと偽装を重ねていく。虚栄を張り、それを重ねるごとに、他者に対して傲慢に振舞っていく姿を、メディアを通して、私たちはすでに多く目にしてきたところです。彼らには第二の規準こそが、社会に是認されること、称賛されることで最終目標となってしまっていたといえるのではないでしょうか。「称賛への愛好」だけから導出された行動といえます。

では、第一の規準と重なる、「是認されるべきものであることについての欲求」とはどのようなものでしょうか。スミスに則して話を進めます。

スミスは、「豊富な知識をもったすべての精神」（上、三八二頁）と表現していますが、そのような精神を持った人——「賢人」——たちと「人類のうちで、もっとも弱く、もっとも浅薄なもの」の性格と行動を次のように描いています。

「人類のうちで、もっとも弱く、もっとも浅薄なものだけが、自分たちがまったくその値打ちがないことを知っている称賛によって、おおいに喜ぶことができるのである。弱い人は、ときどきそれを喜ぶかもしれないが、賢人は、あらゆる場合にそれを拒否する。だが、賢人は、称賛にあたいするものがないことを知っている場合に、称賛にほとんど喜びを感じないとはいえ、かれはしばしば称賛にあたいすると自分が知っていることを行うにあたって、それにたいしては称賛が

けっしてあたえられないはずだと、同じくよく自分が知っているにもかかわらず、最高の喜びを感じる。」（同上）

スミスは、「是認されるべきものであることについての欲求」、「称賛にあたいすることへの愛好」は、「最高の重要性をもった目的であるにちがいない」（上、三八三頁）と強調しています。さらに、上述の賢人の姿――柔かく「賢明な人」という言い回しもしていますが――が、「自分の仕事のあらゆる部分の完全な適宜性についての、もっとも完全な保証をもっている」としています。だからこそ、次のスミスの言葉は、私たちに重みを持って聞こえてくるのではないでしょうか。

「このばあいに、かれの明確な自己是認は、他の人々の明確な是認によって確認されることを必要としない。それは、それだけで十分なのであり、かれはそれに満足しているのである。この明確な自己是認は、かれが熱心に求めうる、あるいは求めなければならない、唯一のではないとしても少なくとも主要な、目的である。それへの愛好は、徳性への愛好である。」（上、三八三―四頁）

■人文系の人々は他者評価が非常に気になる

さて、スミスは上述の後に、面白い話を加えています。「数学者たちおよび自然哲学者たち」と「詩人たち」の感受性に言及しているのです。なぜ、ここでスミスは彼らの感受性を話題として持ち出したのでしょうか。

まず、数学者および自然哲学（＝自然科学）者たちの例として、スミスは、自らの教師であった数学者ロバート・シスムンとマシュウ・ステュアートを挙げたり、私たちがよく知っている古典物理学のサー・アイザック・ニュートンも登場させます。そして、数学者たちは、自らの価値ある仕事が公衆の無知ゆえに評価されなかったことにまったくの不安を感じていなかったこと。さらに、ニュートンも、彼の著書『自然哲学の数学的諸原理』が世間から数年間無視されてきたけれども、彼の平静さを中断するものではなかったこと、を記しています。スミスは、これら自然科学者たちは、世論から独立している旨、述べています。ちょっと考えれば、私たちも次のことを知るでしょう。それは、自然科学の分野において、例えばニュートンの万有引力の法則にしろ、天体の運行にしろ、この分野における法則は普遍的価値を持つものであり、実験と観察が明確に、客観性を持って証明されるところです。したがって、たとえ大衆が彼らの仕事を評価しなくても、ある自然の中における法則性を発見し、定式化したという事実は――何か新しい発見があれば別ですが――その後も、後世に残ることとなるのです。そのことは、スミスの次の記述で、彼ら自然科学者たちの性格と行動が表してあります。

「かれらはほとんどつねに、態度のもっとも愛すべき単純さをもった人々であって、たがいによく調和して生活しているし、相互の名声の味方であって、公衆の喝采を確保するための陰謀をたくらむことがなく、かれらの仕事が是認されるときには喜びながら、それらが無視されるときには、おおいにいらだつことも怒ることもないのである。」（上、三九八頁）

ところが他方、文筆家や詩人、すなわち、人文系の人々については、事情は異なるとスミスは語るのです。例えば、自らの「詩」について、その作者は他者からの評価に一喜一憂するのです。

「詩の美しさは、たいへん繊細な事柄であって、そのために、若い初心者は、かれがそれを達成したということについて、確信しうることがめったにない。したがって、かれの友人たちおよび公共の好意的な判断ほど、かれを大いに喜ばせるものはないし、その反対のことほど、かれをひどく落胆させるものはない。かれが自分の業績についてもちたいと切望している好評を、一方は確信し、他方はぐらつかせるのである。」（上、三九四頁）

スミスは、人文系分野の人々は、このように世論の評価によって大いに影響されうる旨を指摘しています。さらに、彼らは派閥を作り、世論を先取りするための陰謀や策略などをめぐらす、とスミスはいうのです。ここでいえることは、人文系――社会科学も含めて――の分野には、自然科学が証明するような客観的法則性や発見がないということです。自然科学者は私たちの眼前に真実を突きつけますが、人文系の、とくに詩や小説の中に自然科学分野の法則性など微塵もないのです。これは、私たちの日常生活の中に目を転じることで容易に分かることです。私にいわせれば、経済学の世界も経験科学であり、決して明らかな客観性を持った世界であるとはいえません。様々な社会環境――今ではグローバル的効果による画一化現象もあるとはいえ――の中で、人間の思惑も政治的世界ではなおのこと、明確で純客観化できる社会的諸法則を私たちは見つけることができるでしょうか。まず、困難なことではないでしょうか。論者間に諸説が乱舞し、収拾がつかなくなること常でしょう。

■ 貨幣経済という幻想

しかし、経済といった場合、私たちの社会生活において、すでに財・サービスの実体は現存し、私たちは労働をすることにより所得を得て、同じことですが貨幣を労働との交換によって獲得し、自らの欲求を満たしていくという活動――経済活動――を日々行っているのです。だからこそ、この経済活動での貨幣、財・サービスという実体を疑う人は誰一人としていないはずです。貨幣経済の世界が、私たちの生活の行動指針になってしまったことは事実です。この現象の拡大・浸食によって、私たちは、先程触れたように、財産をなすこと――人の目に見えること――が、他の人々に是認される唯一の近道となり、「是認されるべきものであることについての欲求」まで、至ることができなくなったと推察されます。

私たちの生活の場において、利益獲得という行為が優先され、それが第一義的な傾向を持ったのは、本来、似非真理であるはずのものが、実体を持つことによって、たやすく認識できる真実＝真理として誤って受け取られた結果であると考えられます。個々人は誰の評価も気にすることなく――すでに認知されている行為として――利益追求ができるし、その結果としての財産の拡大が万人にある程度の説得力を持つとすれば、同じことですが、財をなすという行為が是認されるのであれば、多くの人がその「通常の完全性の規準」へ邁進するのも納得のいくところです。

ただもう少し深く考えてみてください。蓄財をしたからといって幸福であるか否かということです。財をなすことは幸福への一手段であって、それ自身がその人の目的ではないはずです。ですから、私たちは上流の生活に憧れるが、決して上流の人々の気持ちに立って感じていない、その生活を望む人々は上流階級の人たちが持っている馬車、家具、大邸宅という実物に憧れるだけであると、スミスがいみじくも指摘したところです。通常の私たちは上流階級の生活から得られる満足ではなくて、手っとり早く彼らの所持品を自らも所有すればそうなるであろうと錯覚しているのです（ただ、スミスは、そのような生活を望む人が勤勉に働いていく様については評価していました）。

■適確な自己評価のできる人間へ――ぶれない自分造り――

まとめておきます。自然科学者たちの自然の法則性の発見とは、当時のことを振り返えれば、神の存在証明というまさに世界の真理性を解き明かすことを意味していました。それは明らかに第一の規準「理想的な完全性の規準」探しの側面を持っていると思われます。世間に認められなくとも、科学者間ではその真理探究の仕事こそが、神から是認されるべきところの仕事であるという自覚があったことになります。そのことはまさに明確な自己是認が彼らを支えているところです。他の人々の是認は、この場合必要ないでしょう。ひるがえって、人文系の人々の作品――詩や小説等――は、私たちの人生・生活の気持ちを表すものであるので、世論の評価は、様々な人々の感受性の濃淡により分かれることは必定でしょう。絶対的な完全な真実――人生の完璧な方程式――など存在しません。そこにあるのは、作者の具現化した作品に対しての好意的な評価か、悪意的な評価――無視も含まれます――しかないのです。

私たちは、スミスの述べるように、自分を他者からの好感を持てる対象としたいと望んでいます。何とか是認されたいのです。自分の居場所を見つけたいのです。とはいえ、私たちの人生で、順風な日々が片方にあるように、逆風の日々ももう片方にあります。苦難や逆境から安易な方法で脱出したいと考えることもあります。とはいえ、経済社会の完全な目標が蓄財だけにあるのではないことは多くの人々も承知しています。私たちは確かに自然の一部であり、自然界の法則性――摂理――に拘束されているのですが、今、自らが自分の人生を歩み、呼吸をして、何かを感じているのはほかならぬ人間社会なのです。となれば、スミスが示した人文系の人々の心情こそが、私たちの社会生活に近いものであることは明白でしょう。しかしながら、自らの評価を良くしようとして、陰謀や策略をめぐらす文壇分派の態度をスミスは許しはしません。

「我々が、自分たちの値打ちについて、たしかでないということ、そして我々がそれについて、有利に考えたいと切望しているということが、一緒になって、我々を、それについての他の人々の意見を知りたがるように、その意見が有利であれば通常よりも得意になるように、それがそうでなければ通常よりも落胆するようにするということは、まったく自然である。しかし、我々を、陰謀や派閥によって有利な意見を獲得するか、不利な意見を回避するかしたいと願わせるものであってはならない。」（上、四〇〇－一頁）

自らを他者からの評価を良くしたい。称賛されたいという欲求が、純粋である場合にはスミスも容認しているのですが、他の人々からの是認と称賛が過度な自己評価につながるとき、また、本来の自分の評価ではないと自覚できる他者からの是認や評価をも不正手段を使ってでも自分のものにしようという虚栄的な態度が許せるものではないことは明らかです。私たちは、上記の過度な自己評価や虚栄的な態度に何を持って立ち向かうべきでしょうか。その答えはもう歴然としています。「是認されるべきものであることについての欲求」であり、「称賛にあたいすることへの愛好」なのです。これこそが、「徳性への真の愛好と悪徳への真の忌避」を私たちに促す、とスミスが強調するところです。

自らの内に他の人々の是認や評価に左右されない――といっても、独りよがりにならない――第一の規準「理想的な完全性の規準」を培うことが必要なのです。その規準を自らの知識と経験で構築できる能力――想像力であり、同感感情であり、それらから生まれてくる真の創造性等――、別言すれば、自らの人生において、性格であれ、行動であれ、職業であれ、自らの理想とする「姿」、「形」、「型」を明確に持つ能力と、その「姿」や「形」を実現するための「姿勢」――自己規制能力――を積み重ねていくことが、自壊社会――道徳的腐敗――の進行を押し止める私たちの「自生力」であると、私は考えます。そして、私たちより先んじて、近代商業社会を考察したアダム・スミスの気持ち＝伝言なのです。

大人の責任として――「……らしさ」、「……という形」を表現しよう――

「大人らしさ」、「男らしさ」、「女らしさ」（ジェンダー論の方々から批判を浴びそうですが）、「父親らしさ」、「母親らしさ」、「社会人らしさ」、「教師らしさ」というように「形」を明確に示さねばならない時期にきていると思われます。すでに触れたフリーター、ニートの増加に対処するために、高校生の時代からインターンシップや企業研修制度を取り入れようというのは、若者に早期に職業意識を芽生えさせるという手法にほかなりません。まさに実践現場を見せることによって、「企業らしさ」という形・「職場」という形を彼らに提供しようという試みです。上記の試みよりもっと身近で、私たちは気がつかなくてはならないことがあります。

私たちは、本当に「家庭」という形、「学校」という形を子供たちに見せているでしょうか。さらに、「人間らしさ」という形を明示しているのでしょうか。このようにいうと必ず、「では学校らしさ、家庭らしさの定義は？」という方も当然出てきます。確かに一定規準や通常の完全性を示すのには、また構成するのにはある一定の行政的――マニュアル的――枠組みと制度が必要になってくるでしょう。

しかし、問題はその先に、あると考えます。問題というのは誤解を招く表現です。マニュアルという施行実施要領の先に各人が思い描く理想の像――学校であれ、家庭であれ、社会であれ――を持って、それに向かって自らが着手するか否かではないでしょうか。

先程の第二の規準「通常の完全性の規準」――地位や財産等――の実体に満足するとすれば、もはや人間としても、社会としても今後の展望を開いていくのは難しいでしょう。企業の不祥事の大半が、営利追求という実物追求のみに走った結果であることはこれまでお付き合いしてくださった皆さんならお分かりでしょう。人間と同様で、企業の理念や将来像を描くことのできない環境が生まれるや否や、目標が具現実体化すればするほど、高い企業理念とイノベーションは脇へ追いやられ、実体・実物――目に見える――が優先されていくのです。その瞬間から、企業は、その中で働く人々を巻き込んで、「自分たちの弱点と不完全性についての感覚」を失い、傲慢さを増していくのです。まさに企業のあるべき「姿」を喪失した結果、道徳――企業倫理――的腐敗を生み、その企業は自滅していくのです。

私たちは「形」、あるいはその形へ向かう「姿勢」を自らの内面に作ることによって、そのことは取りも直さず、自己規制をするということになるのですが、自らが思い描く「理想的で完全性の規準」に照らした行動をとるように試みること、志すことによって、自分という存在を謙虚に振り返りつつ、次の「自分らしさ」を目指すという気持ちを持つのです。

■ 教育の大きな秘密

現代社会は欲望追求の結末として、多種多様な欲望を実体化してきました。しかし、その進行が、若者の多くからそれらの欲望を具現化する能力を奪ってきたといえましょう。その例を挙げるとすれば、理科離れもその一つといえます。若者たちは、自分の前に実体化した製品の操作性や娯楽性を追求するのは得意ですが、どのようにその製品が様々なパーツから構成されているかとか、どのような工程を経て製造されたのかを追求する――想像する――能力に欠けているのです。私の分野――経済学――でも、同様なことがありました。分業社会という発想の欠如なのです。例えば、ハンバーガーという食品を彼らはすでに現存するものと捉えているのです。ですから、上述の製品の話と同様に、その食物がどの程度の人々の手を経てきているのかも、その時間的・空間的ダイナミズムも彼らの想像の外にあったのです。

先の「想像」という言葉は、不適切かもしれません。彼らは考える以前に、あまりにも具体的事物を目を通して脳裏に焼きつけられているから、鵜呑みにすればよいということになります。となれば、あらゆる事物への好奇心は廃れ、と同時に、あらゆる人間社会への好奇心も薄れていくことになっていくものと思われます。社会への好奇心の希薄さは、当然、人間間の関心の希薄さを生んでいくのです。ひいては、すでに取り扱ってきた自己中心主義という過度の自己評価を作り上げてくるわけです。

私は、研究者であり、教育に携わる立場の者として、スミスが『道徳感情論』の中で論及した教育への議論を紹介することによって、若者に向かい合う一つの教育の「形」・「姿勢」を明確にして、私とスミスの気持ちの結びとしましょう。

「教育の大きな秘密は、虚栄を適切な対象にむけることにある。かれがとるにたりぬ諸達成について、自分を高く評価するのをけっして許してはならない。しかし、ほんとうに重要な諸達成についてかれが僭称することを、かならずしもつねにくじくべきではない。もしかれがそれらを所有したいと真剣に欲求しなかったならば、かれはそれらを僭称しなかっただろう。この欲求を奨励せよ。獲得を容易にするすべての手段を、かれに提供せよ。そして、かれがときとして、それを取得するより少し前に、取得してしまったようによそおうとしても、あまりそれに腹をたててはならない。」(下、二〇五頁)

自壊する現代社会の抑止力は、将来を担う若者なのですから。

●引用文献

アダム・スミス『国富論』Ⅱ、大河内一男監訳、中公文庫、一九七八年
アダム・スミス『道徳感情論』上、水田洋訳、岩波文庫、二〇〇三年
ヴェーバー『プロテスタンティズムの倫理と資本主義の精神』大塚久雄訳、岩波文庫、一九八九年
J・M・ケインズ『雇用・利子および貨幣の一般理論』塩野谷祐一訳、東洋経済新報社、一九八三年

シュンペーター『資本主義・社会主義・民主主義』中山伊知郎・東畑精一訳、東洋経済新報社、一九九五年
ヒューム『ヒューム政治経済論集』田中敏弘訳、御茶の水書房、一九八三年
マッキンタイア『美徳なき時代』篠崎栄訳、みすず書房、一九九三年
J・S・ミル『自由論』塩尻公明・木村健康訳、岩波文庫、一九八五年
モンテスキュー『法の精神』中、野田良之他訳、岩波文庫、一九九〇年

第三部　「見えざる」社会の実現に向けて
――高慢と経済社会と教育と――

見えざる日本の未来

■　二〇〇九年八月三〇日

この日は、いわずと知れた第四五回衆院議員選挙の投票日であったのは皆さんの記憶に新しいと思います。すでに開票前から民主党の衆院での議席獲得数は三〇〇議席を超えるといわれていました。その予想どおり、開票早々から民主党の小選挙区での躍進は目を見張るものとして、私たちの想像をはるかに上回るテンポで当選確実を決めていったところです。

海外メディアの日本の選挙に対する関心は高く、三一日付の豪州有力紙『オーストラリアン』では、「明治維新と戦後復興に並ぶ出来事」とこの民主党への政権交代を報じ、イスラエルの民放チャンネル2も「日本の歴史的な転換」と伝えていました。このように世界の注目を集めるほどの日本の選挙戦はかつてあったでしょうか。以前、日本社会党の土井委員長の時代の躍進や非自民連立の細川内閣の成立はありましたが、この度のようなインパクトはなかったように思います。

国内の新聞各紙もこの結果を受けて、翌日の朝刊に街の声＝国民の街頭での生の声を伝えています。「こんなに勝つなんて」、「あまりにお灸をすえ過ぎた」、「自民への不満の結果」、「国民が『変化』を求めて民主を選んだ結果」（『日本経済新聞』八月三一日夕刊から抜粋）という言葉が続きます。結果的に三〇八議席を民主党は衆院で獲得し、圧倒的かつ安定的多数を保持する勢力になったところです。このように、多くの有権者が、投票者が「民主党」を選んだという事実がここに示されたのです。前日まで、まったく（予想・予測は確かに公表されていましたが）誰もが及びもつかない出来事が起こったということです。

私は思うのです。このように私たちがまだ見ぬ未来が私たち国民の一人一人の意思で形作られていくのであると。となると、この第三部の表題である「『見えざる』社会（invisible society）」の意味がおぼろげながらお分かりいただけるのではないかと思います。まさに私たちはこれまでの自民党政権が築いてきた日本のヴィジョンに「NO」を突きつけたのです。なおかつ、まだ見ぬ民主党のヴィジョンにこの日本の未来＝希望を託したのです。

■ 現状への不満という見えない力

選挙戦を戦う道具としての「マニュフェスト＝政権公約」を各党は掲げることによって、自らの政党の目指す日本の将来像を提示したところです。それを私たち国民が選択したともいえるわけです。この公約を民主党党首は「皆さんとの契約である」とも発言していました。ですから、普通に考えて、契約とは法的拘束力を持ってきます。私たち国民はこれから民主党のマニュフェストの実現力がどの程度のものかじっくりと監視していかなくてはならないのです。今、現在の状況からの、もっといえばアメリカから端を発したサブプライムローン問題の金融危機、さらには連鎖的な不況へのこれまでの国策への不満が上記の「革命」的出来事を生んだのです。私たちはまだ見ぬものへ希望を託す勇気を持っているのです。

それはなぜか。それは私たちが人間であり、私たち一人一人が幸福を望んでいるからにほかならないのです。ただ生きていることを考えるとすれば、極論ですが、幸福などいらないはずです。いまだに世界の各国・各地域での紛争が多くの政治的難民を生み出していることも私たちは知っています。知っていても彼らに手を差し伸べる手だてを持っていなくて、歯がゆい思いをしてらっしゃる方もいることでしょう。また、その歯がゆさからボランティア活動に従事される方もいらっしゃるでしょう。

私たちの日本のような先進国では幸福が当たり前のような状態になっていたともいえます。これまでにお話ししたように、いかに格差社会が現出しても、「勝ち組、負け組」という区分けがあるとしても自らの命＝自己保存はすでに守られているので、その先＝より良い生活水準を私たちは標榜し、そのための行動に出る手だてを持ち合わせていたといえます。しかしながら、この日本にその社会的環境がなくなったという危機感――端的には、失業率の最悪更新――が、日本の現状が持っているこの閉塞感が「明治維新」並みの大地殻変動をこの平和な（?）日本に響かせたのです。

自民党は「逆風」という言葉を使い、その大きな眼に見えない勢力に選挙活動中警戒をしてきました。目に見えないからこそ、また、これまでの自らの実績を過大評価することによって、国民の率直な声に耳を傾けなかったのでしょう。彼らの使った「責任力」というコピーは、これまでの諸々の政策等の国民的裁定からすれば、責任を果たしているとは考えられず、多くの方々がその「責任」の二文字に虚しささえ感じていたのではないでしょうか。また、公明党の幹部の方から「『政権交代』という言葉に多くの国民の方々が踊らされている」というような発言も投票日前にメディアを通して聞かれたところです。彼らは、本当に国民の表情をマジマジとこれまで直視したことがないのでしょうか。確かに、「逆風」は体感するものであって、目に見えないかもしれません。しかしながら、もしあなたが台風の真っただ中にいれば、自分の体がその風圧を受けて飛ばされるという現実に直面するはずです。また、「政権交代」が、国民の意思であったことは事実として結実したところです。

見えざる意思が現実のものとなった、という現実を政治家のみならず、私たち国民の一人一人も実感したといえるでしょう。そして、国民は新しいヴィジョンに未来を託そうとしているということも事実なのです。

■「見えない」ということは?

ここですでに第一部でお話しした「想像力」が二つの諸事象・諸現象を結びつける「中間的諸事象の鎖」を導き出すことを想起してください。すると、これまでに話題としている日本政界の「明治維新」以来の大変革は必然的に起こったことと納得されるでしょう。私たちの「想像力」が日本の将来を担える、すなわち希望の持てる政党を今回自らの意思で——投票率六九・二八%（小選挙区）——選んだのです。自らの幸福（非常に利己的であるとはいえ）の実現にできうるかぎり可能な環境を想像（=希望）しての結論として八月三〇日は示されたのです。

「見えない」ことは、この世の中に無数にあります。見えないからこそ、私たちは今日という日を真剣に活動しているのでしょう。ですから、私たちもよく「明日死ぬとしたら、何をしますか」という問いが発せられるドラマを見たり、友人同士の会話の中で話題になったりしてもさして気に留めないことが多くあるかもしれません。もし「見えて」しまえば、私たちはどのような行動を取っていくというのでしょうか。

おなじみのルターの「ベルーフ」論、すなわちプロテスタントの行動規範として有名な予定説を考えてみてください。彼は述べます。あなたがたは、すでに天国へいく人と地獄へいく人は決まっている。しかしながら、我々はこの現世で懸命に働くこと、すなわち自らの勤労と倹約、さらには財産を子孫のために残すことによって神に自分の生き方を認められる可能性を持っている。私たちは懸命に天職（ベルーフ）を全うすることこそ幸福である、と。この精神こそがヴェーバーが述べるプロテスタンティズムであり、資本主義精神であることはご存じでしょう。このように現世での個々人の勤労と倹約が膨大な資本蓄積と財の増大を造ってきたのです。「見えない」神に自らの労働を、蓄財を見せることによって、その神に自らの献身を認めさせようと努めたのです。となると、その神はたとえ現実存在ではないにしても彼ら信仰を持つものは神を「見ていた」ということになりはしないでしょうか。

ウィル・スミス主演の映画で『幸せのちから』という作品があります。主人公とその息子が借家を追い出され、さらにはモーテルをも追い出される。彼らは教会が提供する宿泊施設に入るために毎日その列に並ぶのです。その忙しい日々においても主人公は証券会社の証券マン養成講座（もちろん無給）をこなしながら、採用社員一名の枠を目指していきます。実に切ない、それでいて父子の親子愛と信頼関係が描かれており、求職中の人には身につまされる内容であると思います。この作品をある専門学校の語学の時間に使ったのですが、そのとき、ある学生が「教会があってよかったですよね」というのです。私はその学生の発した言葉の意図が鮮明には分からなかったのですが、最近になって（深読みかもしれませんが）もしかすると、と思うことを次に書こうと思います。

あのアメリカでの市場原理主義の嵐の中で、ますます貧富の格差は拡大していると考えられます。その前兆への警告はヴェーバーが次のように発していました。「営利のもっとも自由な地域であるアメリカ合衆国では、営利活動は宗教的・倫理的な意味を取り去られていて、今では純粋な競争の感情に結びつく傾向があり、その結果、スポーツの性格をおびることさえ稀ではない。」（『プロテスタンティズムの倫理と資本主義の精神』一九八九年、三六六頁）そのアメリカに教会があること。そのことはヴェーバーが「宗教的・倫理的な意味を取り去られて」いるということにもかかわらず、神の存在を表す建造物があるということです。であればこそ、先の学生の述べた「教会があってよかった」という言葉は、神が「見えない」けれども教会が存在することによって、神の恩恵は人々に与えられていると解釈してもいいのではないでしょうか。

そうなると、その学生にとって現実日本での不況下における多くの派遣切れ労働者や失業者には、行き場がないように映ったのかもしれません。この日本には神社と寺という建造物はあっても、神と仏はいないと先の発言をした学生は実感しているのかもしれません。事実、日本の寺社はアメリカのような貧困層や、ホームレスに一晩の宿を提供しているのでしょうか。確かに国家的なセーフティーネット、社会保障が整備されるのが望ましいのは明らかなのですが、その後ろ盾がない社会において何がそのような個人の「心の支え」となるのでしょうか。「心の支え」も私たちには「見えない」のです。しかしながら、「見えない」ものを信じるという気持ちが私たちを勇気づけ、背中を押してくれていることも経験から人は知っているはずです。

「見えない」ということは、確かに一方では不安や恐怖さえ私たちに与えますが、他方で私たちの希望として、私たちの目標として——もしかすると「夢」——大きな活動の原動力となります。したがって、先の「想像力」がいかなる「中間諸対象」を私たちに提供してくれるのか、またその質的な要素が問題となるのではないでしょうか。

「見えざる手」とは？

■「見えざる手」——Part1——

では、「見えない」という事象について上記でお話ししてきましたので、その話題と密接に関わるスミスの「見えざる手」にも触れておいた方が、これまでのスミス思想への理解としては助けとなると考えます。

「見えざる手」と聞いて、「あれっ？」と思われた方はまだ本当のスミスの言葉をご存じないかもしれません。きっとその方々は「神の」という言葉を「見えざる手」の前につけないと気分的に落ち着かないのではないでしょうか。スミスといえば「神の見えざる手」という短絡的理解はそろそろ終わりにしてほしいのです（確かに、彼の「天文学史」の論文に「ユピテルの見えざる手」という記述がありますが、これ以外には「ユピテル」や「神」などの言葉を付していません）。

スミスがこの「見えざる手（invisible hand）」を自らの著書――『道徳感情論』と『国富論』――に著したのはそれぞれ一箇所ずつです。『道徳感情論』の第四部「明確な是認の感情にたいする効用の効果について」第一篇「効用があるという外観が、技術のすべての作品に付与する美しさについて、そしてこの種の美しさの広範な影響について」で、最初に登場します。ここは冒頭近くで、「なぜ効用が喜びをあたえるかという原因もまた、最近、独創的で気持ちのいいひとりの哲学者によって、指摘された」（『道徳感情論』下、二〇〇三年、一二頁。同書は以後、訳書上、下と該当頁のみを記す）というヒューム（＝「独創的で気持ちのいいひとりの哲学者」）の効用主義批判の内容を含んだ箇所です。

そこでは、ある部屋の中の椅子の配置が混乱状態、つまり乱雑に椅子が置かれているより、ある一定の場所に置かれている方が便宜性に優れていること。また、懐中時計を所持している人物は、その機械の完全性を、すなわち一日に二分以上遅れる時計を軽蔑し、その時計の精度のみを追求する旨を、スミスが述べています。これは、前者の椅子の本来の目的、すなわち私たちが立っているより座って安息を得られるという効用が、また後者での時計の本来の目的としての何時であるかを知る効用が後回しにされていることをスミスが指摘します。この上記の例から、派生的に私たちが上流の、今様にいえばセレブの生活に憧れる一般人は、本当は彼らの生活そのものに憧れているのではなく、彼らが快適であると思われるセレブの持ち物――高級車や宝石など――を獲得する方向へ進んでいくことをスミスは指摘します。さらに、次のスミスの言葉は私たちにもすんなりと納得できるものでしょう。

「富と地位の快楽は、なにか偉大で美しく高貴なもの、その達成は、われわれがそれにあのように投じがちな、苦労と懸念のすべてに十分にあたいするものとして、想像力に強い印象をあたえるものである。」（下、二二頁）

上記の一般人がそのようにして高級品やその他関連グッズを入手する行為に関して、スミスはすぐに次のように続けます。

「そして、自然がこのようにしてわれわれをだますのは、いいことである。人類の勤労をかきたて、継続的に運動させておくのは、この欺瞞である。」（同上）

私たちは騙されているというのです。私たちの「想像力」に私たち自身が騙されるのです。

さらに、「高慢で無感覚な地主」は、自らの土壌の耕作物をすべて消費するのではなく、彼の邸宅を整備する人々に、さらに彼が欲するつまらない飾りや愛玩物の購入を通して商人やそれらを整理する召使やお手伝いに必然的に彼の耕作物が配分される旨をスミスは約説します。「かれら（高慢で無感覚な地主を取り巻く人々）がそれ（分け前）を、かれ（地主）の人間愛またはかれの正義に期待しても、無駄だっただろう。」（下、二三頁。（　）内は引用者）

このことは富裕な人々が、自らの利益追求とその貪欲さにもかかわらず、それ自身はまさに自己中心主義的行動をとっていながら、彼らが上記のように雇っている人々、また彼らが購入する物品の販売者、さらにはその物品を製作する人々にまで、彼らの富のある程度の部分が配分されることを、スミスは指摘しているのです。

「彼らは、見えない手に導かれて、大地がそのすべての住民のあいだで平等な部分に分割されていた場合に、なされたであろうのとほぼ同一の、生活必需品の分配を行うのであり、こうして、それを意図することなく、それを知ることなしに、社会の利益を推し進め、種の増殖にたいする手段を提供するのである。」（下、二四頁。傍線は引用者）

ここでの「見えない手」をあなたはどのように捉えるのでしょうか。また、これまでのスミスの欺瞞論との関係性をどのように理解したらよいのでしょうか。常識的理解の範疇であれば、まずは目的と手段の転倒としての効用批判があり、さらに欺瞞論はこの延長線上にあり、端的に述べれば、人間が幸福をどこに見出すかの議論でもあると思われます。つまり、上流階級の人々のように「幸福」になりたいと一般の人は願い、上流階級の持ち物から彼らが得ている生活の快適さを一般の人も手に入れたいはずの行為が、一般の人は彼らの持ち物を自らが入手することで「幸福」になれる、と理解してしまうのです。

もっと現代的、さらには一定の経験的な話の中では、こう考えたらシンプルに読者の皆さんに伝わると思います。「幸福」になりたいと思い、働いてお金をしっかり貯めていくとある人が決意したと考えてみてください。彼は懸命に汗水して働き、その努力の結果として彼の銀行通帳の金額が積み重なってきます。彼はその総額を見てもっと頑張らなくては、と思うでしょう。さらに彼は自らの預金を増やそうと決意するのかもしれません。ここで気づいてください。彼の「幸福」はどこにいってしまったのかと。彼が「幸福」と感じる事柄が、もしかするといつの間にか「お金を稼ぐ」ことにすり替わってしまっているのではないか、ということです。これは完全に目的としての「幸福」のための手段としての「お金を稼ぐ」ことと入れ替わったといってもいいでしょう。これこそ、「目的と手段の転倒」として多くの様々な部面で指摘されるところです。

■「高慢で無感覚な地主」の役割

ただし、この転倒現象こそ、先ほどスミスが指摘したように、人間社会にとって「人類の勤労をかきたて、継続的に運動させておく」のに役立つのです。ある意味これは、私たちの想像力――観念連合的な力――の稚拙さの一面を表しているといえましょう。

ではどのように上記の目的と手段の転倒論＝欺瞞論が、次の「高慢で無感覚な地主」の議論につながっているのでしょうか。先にスミスが述べたとおり、地主は自らの欲望のまま――自らの幸福を求めて――に生活するわけです。この状況でスミスはより俯瞰的に、社会的利益見地を持ち出します。社会的見地に立てば、国家は国民を幸福にする使命を担っている。しかしながら、国家がそのような公共的精神を説いたところで、多くの市民にとっては関心の及ぶところではないのが現状でしょう。

国家にとっての「目標」＝「幸福」を達成するための「手段」＝「経済活動」の鼓舞という構図はすでにお分かりになると思います。国家は自らの領土に住まう個々の国民の福祉＝幸福のために、基本的に利害関心に縛られず活動するものです。個々人の富の創出と支出、さらにはその蓄財の総額としての国内総生産の数字はすでに私たちの知るところですし、個々人が公共的利益を意識して活動するのは稀ですし、その点がスミスの経済学の書『国富論』における有名な利己的な人間として議論の中心に置かれたともいえましょう。

人間は極めて利己的な存在である。彼らの錯覚＝欺瞞から欲望を具体化すべく消費を行うことになるが、その欲望の大きさこそが利己的な人間が欲する財物を製作し生産する人々によって支えられているヒエラルヒー的分業社会を形成していると読み替えればいいでしょう。この議論はマンデヴィルの『蜂の寓話』の詩を想起させるところでもあります。

「……
あの呪わしく意地悪く有害な悪徳で
悪の根源をなす強欲が、
奴隷としてつかえた相手は放蕩であり
あの気高い罪であった。
他方で奢侈は貧乏人を百万も雇い

いとわしい自負はもう百万雇った。
羨望そのものや虚栄は
精励の召使であった。
……」（『蜂の寓話』一九八五年、二一頁。傍線は引用者）

財力のある人々――多くは中流階級以上――が自らの「奢侈」的消費を増やすことで、それを生産する多くの労働者を雇用することにつながるといわれ、ケインズの有効需要の原理のベースメントといわれている箇所です。

上述の内容から、「見えざる手」の片鱗を掴んでいただけましたか。まだ、「見えません」か。私が思うに、スミスが『国富論』の中で使っている「事物の自然な成り行き（the natural course of things）」（『国富論』Ⅱ、一九七八年、八頁）ではないかと。

いよいよ『国富論』の中での「見えざる手」に登場願いましょう。

■「見えざる手」――Ｐａｒｔ２――

『国富論』では、第四篇「経済学の諸体系について」、第二章「国内でも生産できる財貨を外国から輸入することに対する制限について」の項目で、「見えざる手」は出てきます。

この第四篇の議論の中心は、当時の国家的重商主義政策に対する批判にあてられており、まさにスミスの「自然的自由」の体系の構築、すなわち自由貿易主義と自由市場経済原理の優位性を後世の私たちに示して見せたところであるといえます。

当該箇所では、最初に国内産業の保護や既得権を有している国内市場をすでに掌握している産業を守るために輸入品に関税やその他の輸入品の禁止措置が、いかに多くの人々の、ひいては国家的利益の増進を阻害するものであるかを述べています。スミスは先に現在イングランドが行っている輸入禁止措置について次のようにいっています。

「商業上の規制は、ただ、勤労活動の一部を、そうした規制がない場合には行かないような方向へと転じさせうるだけなのである。しかも、この勤労活動の人為的な方向が、その自然に進む方向よりも、社会にとっていっそう有利だということが、はっきりしているわけではない。」（『国富論』Ⅱ、一九七八年、一一六頁）

スミスは「この勤労活動の人為的方向」が実は正しいものでないことを個人の利益追求の姿勢から明らかにしてきます。個々人は誰でも自分で自由にできる資本がある場合、もっとも有利なところへ投資先を求める旨をスミス自らの資本投資順序論から説明していきます。それによれば、「利潤が同等かほぼ等しいなら」商人は外国貿易よりも国内商業の方を選ぶとスミスは指摘します。「かれが、自分の営む外国貿易を国内商業に転換することができれば、それだけ輸出の危険とわずらわしさを免れるわけである。」（同上、一一八頁）

現代のように貿易機構が整備されていないということを考えれば、すぐに次の不安はお分かりになるでしょう。自らの資本が海外に流出することによって、「常時自分の監視や支配のもとに置く」ことができないことがいかに不安なことか。さらに、スミスは、国内商業に用いられた資本は外国貿易に用いられる場合よりも、いっそう多くの自国内の労働者を活動させる旨も述べます。

「外国の産業よりも国内の産業を維持するのは、ただ自分自身の安全を思ってのことである。そして、生産物が最大の価値をもつように産業を運営するのは、自分自身の利得のためなのである。だが、こうすることによって、かれは、他の多くの場合と同じく、この場合にも、見えざる手に導かれて、自分では意図してもいなかった一目的を促進することになる。」（同上、一二〇頁。傍線は引用者）

スミスは、これまで重商主義者やそれに関わる大製造業者や商人の主張する輸入制限措置が公共的利益に結びつくと主張する発言を批判しています。「社会のためにやるのだと称して商売をしている徒輩が、社会の福祉を真に増進したというような話は、いまだかつて聞いたことがない。」（同上）さらに、「自分の資本をどういう国内産業に用いればよいか、そして、生産物が最大の価値をもちそうなのはどういう国内産業であるかを、個々人誰しも、自分自身の立場におうじて、どんな政治家や立法者よりも、はるかに的確に判断できることは明らかである。」（同上、一二二頁）

上述の議論の核心はすでに、同書第三篇「国によって富裕になる進路が異なること」、第一章「富裕になる自然の進路について」の中でスミス自身によって語られています。

冒頭で、農村と都市の利得が相互的であり、補完的であることを述べ、国内の耕作地の大きさによって市場規模が決まる旨を説明した後で、「貿易収支の均衡にかんしては、愚にもつかぬ空論が流布されているが、しかし、農村が都市との取引によって損失をこうむるとか、あるいは、都市を養っている農村との取引で都市が損をするなどとは、さすがに主張された例はない」（同上、五頁）とスミスは述べます。これは、重商主義政策の貿易差額における国家的繁栄論への批判であることは間違いありません。スミスは貿易二国間を国内における農村と都市との関係に置き換えることによって、当時の国家的経済政策への批判を行ったのです。

その後、生活資料が便益品や奢侈品に優先され、農村の余剰生産物が都市の生活資料となっていく順序をスミスは説明していくのです。この議論の結論的部分が以下のとおりです。

「一般に必要にもとづいた事物のこの順序が、どこの国でもその通りになるというわけではないが、人間自然の傾向によって促進されることはどこでも変わりはない。もし、人為的諸制度がこの傾向を妨害しなかったなら、都市は、少なくともその全国土が完全に耕作され改良がゆきわたるまでは、どこにおいても、国土の改良と耕作とが許容する以上には発達できなかったにちがいない。いったい、利潤が等しいかもしくはほぼ等しいなら、たいていの人は、自分の資本を、製造業や外国貿易に投下するよりも、むしろ土地の改良と耕作に投ずる方を選ぶだろう。」（同上、六

頁）

これまで見たように、スミスは人為的諸制度や政策体系が「事物の自然な成り行き」を阻害していることを述べると同時に、「人間自然の傾向（the natural inclinations of man）」の促進を尊重しているといえます。

ここでの「見えざる手」は、やはり「人間自然の傾向」を内包しながら、自生していく社会環境＝「事物の自然な成り行き」であるといえるのではないかということです。私自身もこれでは分かりづらいと感じています。ならば、もし人間が上記に出てくるような私的利益追求や欲望を持たない生き物であるとしたら、この世の中は一体どうなっていたのでしょうか。

■「見えざる手」は人間のモノ

すでに、私は第一部の「近代の先駆者たち——近代市民社会的人間について——」で、近代イギリスの思想家がどのように人間と社会を捉えたのか概観しました。しかしながら、その項目に付け加えることがあるとすれば、まずロック的な自然状態への言及でしょう。ロックは自然状態における人間を理性的な、つまり自然法をわきまえた存在として前提したのです。この前提された人間同士であれば自然法を知っているので、例えば、ある地域の住人たち（共同体の構成員：四人家族、若い夫婦にひとりの子供、老夫婦、独り者の計一〇人）は、村のリンゴの木に一〇個の果実がなっているとすると、誰もが一個ずつリンゴの実を食べることとなり、揉めごとにはならないのです。このことは自然法の中にある「腐敗制限論」を守っていますし、独占欲を露わにする者もいないので、社会的状態がここに形作られることになります。

上述の私の「人間が私的利益追求や欲望を持たない生き物であるとしたら」という質問は、ロック的な前提である自然法を認識し、行動することができる人間に限られると思われますし、これがホッブズ的な考察であれば地上の生産物が人間の数より少ない場合は「闘争状態」が現実のものとなるでしょう。ホッブズが述べるまでもなく私たちの自己保存本能が私たち個々人の存在を欲するでしょう。この自己保存本能こそ、人間であるすべての根源ではないでしょうか。あの「道徳感覚学派」の祖であるシャフツベリ卿でさえ、利己的感情＝生物の善を構成するのに絶対に必要なものがあってこそ、人間は社会的感情が発揮されることを述べていたのです。

ならば、スミスが上記で提示した二つの「見えざる手」は、個々人の人間の意図や欲望の方向性とは逆行しないもの――スミスの記述ではアンビバレントなものとされるが――として私たちは再考しなければならないでしょう。自然は人間社会を自ら織り込み済みのものとして、なおかつ人間本性の稚拙さと優秀さを知っている、と。

私は一人のドイツ人環境経済学者であるハンス・イムラー氏の『経済学は自然をどうとらえてきたか』（農山漁村文化協会、一九九三年）の労働価値学説に対抗する「自然価値」学説をここで紹介しましょう。イムラー氏はこれまでの労働価値学説という人間中心主義的価値の創出過程がいかに自然を無価値なものとして破壊してきたかをジョン・ロックの思想の中に探り、スミスを含めて現代に至るまでの経済学説の批判をしています。さらに、自然との共生・共存思想としての源泉をストア哲学に求めるとともに、一八世紀におけるフィジオクラート（＝重農学派）の思想的基盤に論を進めています。イムラー氏は当時のフランソワ・ケネーの思想を次のように述べています。

「ケネーはたびたび、人はそれぞれすべてのものに対して権利を持っている、と主張するホッブズの考えを批判している。このホッブズの考えに反対して、彼は固有のエゴイズムを手控えるように求めている。」（同上、五二二頁）

上記のイムラー氏の発言は、次のケネーの『自然権論』の中の記述からさらに明確に知るところとなります。

「自然法は、あるいは物理的であり、あるいは道徳的である。
ここにいう物理的法則とは、明らかに人類に最有利な自然的秩序から生じた、すべての物理的事件に関する規則的運行の意味に解されている。
ここにいう道徳的法則とは、明らかに人類に最有利な物理的秩序に即応せる道徳的秩序から生ずる、すべての人間行為の規律の意味に解されている。」（『ケネー全集』第三巻、一九五二年、七七頁）

この場では、自然法思想の奥深さを皆さんにご提示する余裕がありませんので、次のことだけを確認しましょう。

ケネーが指摘するように、私たちの道徳的秩序が物理的秩序に従うものであれば、私たちの存在自体が自然的秩序に内包されることは間違いありません。現在の環境問題を抱えている私たちであれば、このケネーやイムラー氏の主張もすんなりと頭に受け入れることができるものと思われます。前現代的、例えば高度成長期やバブル期のレジャー産業華やかなりし時代であれば、単なる山野は価値あるものではなく、その山野を開発することによって、具体的にはゴルフ場を設計するとかスキーやスノーボードのゲレンデを造ったり、リゾートホテルを建てたりすることで金の成る施設へ変えていく、そのような現場が日本の至る所でよくあったのを覚えています。

私たちは、やっと気づいたともいえるでしょう。何に気づいたかって？　人類が生活を営んでいる環境が地球という有限な環境であることに。この瞬間から私たちは、自らの意思も欲望も我々の住んでいる空間に限られるということを自覚し、意識したのではないでしょうか。

人間が暴走を始めるまで、そのことは翻って、人間が「事物の自然な成り行き」という方向性を尊重している場所や時代においては、また人間が自然に対して微々たる影響力しか持っていないときには、まさに個々人の「人間自然の傾向」＝人間本性の成長と成熟は自然の許容範囲に収まるものであり、経済社会の繁栄とセットになっていたと考えてはどうでしょうか。

「見えざる手」とは、すでに人類に与えられていた社会発展過程の許容枠であり、それはスミス流にいえば人為的諸制度や政策体系に妨害されない、つまり、人間本性の健全な成長と形成――利己心や慈愛心という諸々の諸感情と行為――を阻害されない環境作りそのものだったということです。となれば、スミスの経済学体系にどなたかがつけた「体系なき体系」の意味も自ずと理解できるものとなるでしょう（スミスの議論の中に、「…すべし」などという当為的な発言があったでしょうか）。スミスはあくまでも「事物の自然な成り行き」に反する事象への批判が彼の主張のメインにあったのです。批判をするというネガティブな要因を社会的環境から排除することによって、適切で健全な人類社会のモデルを浮かび上がらせようとしていたのです。例えば、設計図や模型のない彫刻、――ただし、作者の脳裏にはあるモデルはすでに描かれているが――とくに木彫刻を思い浮かべてみてはどうでしょうか。大きな丸太を削っていく作業、それ自身がスミスの主張したかった体系＝型ではないでしょうか。

「見えざる」社会は私たち自身が想像し、自らの鑿を使って構築していかなければならないのです。また、「見えざる手」は実は健全な人間本性の有している能力の束――個々人の意思や欲望の自然的発現の集積――ではないでしょうか。

いまや私たちは自己チュウの大本である人間本性としての「高慢の本能」（下、二〇九頁）の社会歴史的背景を追究することによって、近代商業社会での本性――人間に賦与された能力――分析をするときにきたといえます。

「高慢」はコミュニケーション能力

■ 高慢論、再び？

私はすでに、第一部の中の「『共感』をする時間がない」という箇所で自己チュウに関する発言をしました。自己チュウ――自らの関心事のみに熱中し、他者の存在などお構いなしに自らの言動を押し通していく――な人々の増殖を助長したツールとして携帯電話やポータブルゲーム機を登場させました。そして、けたたましい着信音やゲーム機の効果音、さらには遠慮のない通話など電車内における傍若無人な振る舞いをする人間が公共＝共有空間を、すなわち他者とともに生活をしているという認識の希薄さ＝共感の希薄さを生んでいる旨を指摘したところです。

また、触りだけですが、ホッブズが「高慢（pride）」を人間の本性として規定し、そこから市民社会の契約形成原理を導出したこともお話をしてきたし、さらに、スミスの「高慢の本能」が自らの仲間や集団の中での自己の居場所確保――地位や特定の存在感――に役立っている旨、これまでの話題進行の中で取り上げてきました。

さあ、いまこそ近代社会の歴史的潮流（イギリス・ルネサンスから一八世紀近代商業社会展開期を基本にして）の中で、「高慢」はどのように各時代背景を持って現れ、どのように当時の思想家に考えられていたのかを辿っていきましょう。

これ以降、自分の専門分野を活かして、自己チュウの源泉としての人間本性＝欲望（それは次のような言葉で表されるでしょう。→高慢、傲慢、自己顕示、虚栄、過度の自己評価等々）が近代ヨーロッパ社会の中での、そのことはキリスト教文化圏の中でのイタリア・ルネサンスという大きな運動を通して、どのように捉えられていったのか。また、その後のイギリス近代社会にルネサンスの波はいかなる影響を与えたのか。さらに、人間本性観と商業社会の展開と進展はどのような関係を持っているのかを考察していきたいと思っています。

■ 人間が「自由意志」を持った——ピコ・デラ・ミランドラ——

ピコ・デラ・ミランドラの「人間の尊厳についての演説」の文面を見ることから、宗教社会的精神文化からの人間の復興＝ルネサンス精神の一端を少々長いですが、眺めてみましょう。

「我々は定まった座も、固有の姿形も、お前自身に特有ないかなる贈り物も、おおアダムよ、お前に与えなかった。それというのも、お前の願い、お前の意向に従って、お前が自分で選ぶその座、その姿形、その贈物を、お前が得て、所有せんがためである。他のものたちの限定された本性は、我々によって規定された法の中に抑制されている。お前は、いかなる制限によって抑制されることもなく、その手の中に、私がお前を置いたお前の自由意志にしたがって、自分自身に対して、自分の本性を指定するであろう。世界の中にあるものすべてを、いっそう都合よくお前がそこから見回せるように、私はお前を世界の中心に置いた。我々はお前を、天のものとも地のものとも、死すべきものとも不死なるものとも、造らなかった。それというのもお前があたかも自分自身の専断的な名誉ある造り主であり形成者であるかのように、自分のより好んだどんな姿形にでも自分自身を形造りえんがためにである。お前は獣であるところのより下位のものに堕落することもできるであろうし、お前の意向次第では、神的なものであるところのものより上位のものに再生されることもできるであろう。」（ピコ・デラ・ミランドラ、Ⅵ「人間の尊厳についての演説」、『ルネサンスの人間論―原典翻訳集―』一九八四年、二〇七頁）

神から与えられた「自由意志」は、人間を神の宗教的束縛からまさに解放したといえるのではないでしょうか。当時のイタリアの商業都市における商人の代表格としてのフィレンツェ共和国のメディチ家の存在は、財力こそが力であることを誇示し、さらにボッテチェルリらの宗教芸術の壮大なる開花は蓄財への神の許しの証でもあったのです。大商人の経済活動は明確に肯定されるものとなったのです。

その他に、エラスムスが『愚神礼讃』の中で、批判する対象として当時の領主、聖職者や貴族階級を挙げているのです。これは、彼ら上流、知識階級の欲望の暴走を提示したものでした。宗教的教義に則った行動は、個人の「自由意志」を最優先する行動となって現れたといえます。つまり、君主・

領主は国土の拡大に明け暮れ、聖職者や貴族階級は自らの出世に血道をあげている光景をエラスムスは提示します。エラスムスは同書の愚かな神に自分の方が謙虚であると語らせ、次に彼らの不甲斐ない行為を明らかにします。

「こういう方々は、羞恥心が腐っていまして、お世辞のうまい頌詞作者やほら吹き詩人をお抱え料で買収なさり、ご自分に対する褒め言葉を、つまり、真っ赤な大嘘をお聞きになろうというのですから。」（『エラスムス　トマス・モア―世界の名著二二―』一九八〇年、五九頁）

このようにルネサンス精神は社会的な権力を持っている階級の人々の「自由意志」＝欲望をますます肥大化させていったといってもいいでしょう。したがって、聖職者であるエラスムスは多分、次のように考えたのではないでしょうか。本来であれば、宗教的戒律や説教により、私たち人間の欲望を規制し、自らの傲慢さを反省し、謙虚な心に立ち返らせ、有徳なあり方を中下層の人々に示さなければならない上流・知識人階級がルネサンスの人間中心主義的＝世俗的欲望に塗れ、暴走していった、と。

▣「羊が人間を食らう」の真犯人は――トマス・モア――

では、皆さんが良くご存じの「羊が人間を食らう」というフレーズが登場する箇所をご紹介しましょう。

「羊は非常におとなしく、また少食だということになっておりますが、今や大食で乱暴になり始め、人間さえも食らい、畑、住居、町を荒廃、破壊するほどです。この王国で特に良質の、従ってより高価な羊毛ができる地方ではどこでも、貴族、ジェントルマン、そしてこれ以外の点では聖人であらせられる何人かの修道院長さえもが、彼らの先代の土地収益や年収では満足せず、また無為、優雅に暮らして公共のために役立つことは皆無、否、有害になるのでなければ飽き足りません。つまり、残る耕作地は皆無にし、すべてを牧草地として囲い込み、住家を壊し、町を破壊し、羊小屋にする教会だけしか残りません。さらに、大庭園や猟場をつくるだけではあなた方の国土がまだ痛み足りなかったかのように、こういう偉い方々はすべての宅地と耕作地を荒野にしてしまいます。」（『ユートピア』一九七八年、七四―五頁）

モア自身もこのときには、国家的中枢において要職に就いていたにもかかわらず、上記のように「貴族、ジェントルマン、……修道院長」らが第一次囲い込み運動の首謀者であると攻撃をしたのです。当時、この囲い込み運動で耕作地を奪われ追放された農民や職人たちが多くの犯罪の元凶であり、貴族や位の高い階層からは犯罪を抑止するために刑罰の重度化を求める声が多く上がっていました。しかし、もう皆さんがお気づきのとおり、この羊毛の価格上昇に伴う利益追求の結果として、先の農民は耕作地を追われ、同じ町に暮らしていた職人も自らの生活が続けられず、町を出ざるをえない悲惨な光景がここにあります。犯罪に手を染めなければならない貧しい人々を作り出したのは羊ではなく、人間なのです。それも貴族やジェントルマン、さらには聖職者たちが自らの私腹を肥やすためのみに罪もない人々を苦しめているのです。

「羊が人間を食らう」というフレーズは次のように解した方が適切ではないでしょうか。羊毛で大儲けを企む上流・知識人階級が普通の人々の生活を破壊している、と。まさにモアは友人であるエラスムスと同様に、ルネサンス精神がその深部に持っているイタリア商人的＝世俗的あさましさ、これこそが権力を保持している者たちの「自由意志」＝欲望のおもむくままに無軌道に突っ走った結果としての社会の姿であると映ったのではないでしょうか。

▣ 貨幣経済が野獣を育てた

モアは『ユートピア』の第二部「社会の最善政体についてのラファエル・ヒュトロダエウスの話の第二巻」でのユートピア島の諸制度や宗教、さらにはユートピア人について語る箇所で、通常の私たちの「高慢心（superbia：ラテン語）」を痛烈に批判します。次の二つの箇所を引用しておけば、この高慢心が決して前時代的な内容ではなくて、普遍的に私たちが誰でも持っている人間性であることが分かると思います。

「貪欲と略奪心は、あらゆる生物の場合には（将来の）欠乏に対する恐怖心から起こりますが、人間の場合には、必要もないのに、ものを見せびらかして他人を凌ぐのを栄誉と考える高慢心だけ

で起こります。」（同上、一四四頁）

「こういう事態［ユートピアの社会］は、もしも、あらゆる災禍の首領であり親であるあのただ一匹の恐ろしい野獣、すなわち高慢心が反抗してさえいなかったら実際に起こりえたでしょう。この高慢心は、自分の利益ではなく、他人の不利を持って繁栄の尺度としています。高慢心は、自分が支配し嘲笑できる相手としての惨めな人たちの悲惨さと対照されてはじめて高慢心の幸福はことさらに輝きだすのであり、高慢心は自分の富を見せつけて惨めな人たちを苦しめ、その貧苦を煽り立ててやろうとしているからです。この冥府の蛇は人間の心に巻きついて、人がより良い人生行路に就かないようにとまるで小判鮫の様に引き戻し、引き止めます。」（同上、二四三–四頁）

さて、モアの指摘する高慢心の姿が時代を超えて私たちに迫ってきたのではないでしょうか。彼の著書の中のユートピアの制度に「三つの神的制度」があり、上記の高慢心が発揮される環境を排除できる工夫が施されています。次の三つです。市民の平等と財産の共有、平和と静けさにおける恒常的で不屈の愛、そして金銀への蔑み。端的に、共和的平等、普遍的人類愛、そして貨幣経済の否定といえるのではないでしょうか。こう考えてみると、モアが批判した貴族階級や聖職者は、自らの特権を行使して、この貨幣経済（＝金銀の流通）の進展とともに私腹を肥やしてきた連中です。さらに、この財貨の追求・増大は高慢心のなせる技なのです。したがって、高慢心は自由意志の解放と貨幣経済の展開の中で、飛躍的に増殖したといえるかもしれません。

最後に、ローマ・カトリック教会の僧侶だったときエラスムスの弟子的存在であった宗教改革の大立者であるマルチン・ルターも上記の二人と同じように、ルネサンス精神＝「自由意志」の暴走を食い止める方向性について、同じスタンスをとっていたことを著す記述があります。

「あなたは信仰においてすでに充分であり、その点で神からすべてを与えられているときに、あなたにとって過剰な財宝と善行とが、あなたの身体を支配しかつ養うのに一体何の用に役立つとなすのか。」（『キリスト者の自由・聖書への序言』一九五五年、四八頁）

その他に、ルターはエラスムスの『自由意志論』に対抗して『奴隷意志論』を著し、人間には自由意志は存在せず、すべては神によって決定されているとする予定説を提示しているのは皆さんの知っているところでしょう。

■能力が平等な「高慢の子たち」——ホッブズ——

すでに、ホッブズについての簡単な人間観は見てきましたが、以前にあまり触れられなかった点について、すなわち人間本性としての高慢の位置づけを概観しておきます。

次の記述が近代人を扱ったといわれる所以です。

「自然は人々を、心身の諸能力において平等につくったのであり、その程度はある人が他の人よりも肉体において明らかに強いとか精神の動きが早いとかいうことが、時々見られるにしても、すべてを一緒にして考えれば、人と人との違いは、ある人がその違いに基づいて、他人が彼と同様には主張してはならないような便益を、主張できるほど顕著なものではない、というほどなのである。」（『リヴァイアサン』㈠、一九九三年、二〇七頁）

近代以前においては、古代ギリシアから支配者と被支配者の区分は明確であり、ストア学派においても賢人と大衆の大きな区分があったし、ルネサンス期においてもマキアヴェリの『君主論』においても明らかなように、ヴィルトゥ＝卓越した能力を持つ者がそれを持たざる者＝大衆を導くという役割の線引がありました。しかしながら、ホッブズは上記のように、私たち人間は「心身の諸能力において平等」と述べた瞬間から、これまでの生来存在していた能力的差異を一掃したといえるでしょう。また、だからこそ「高慢」が人間本性であり私たちの自己保存本能に欠かせないものとしてクローズアップされたといえます。

能力が平等な個々人の高慢の性質をホッブズの言葉で確認しておきます。

「おそらくそのような平等性を信じがたくするかもしれないのは、人が自分の賢明さについて有するうぬぼれにすぎないのであって、ほとんどすべての人は、自分が大衆よりもおおきな程度の賢明さをもつと、思っているのである。……すなわち、多くの人が自分より知力や雄弁や学識が優れていることを、いくら認めることができても、自分と同じく賢明なものが多くいることは、なかなか信じたがらないのが、人間の本性なのだ。」（同上、二〇八頁）

ホッブズは、上記のように述べたあと、私たちの能力が平等なことが希望の平等を生み、そのことが当時の財の希少性と相まって、自然状態においては闘争状態が現出する旨、議論を進めるのです。ホッブズの思想の中には生産性の概念が欠落しているといわれています。その証拠に財の希少性は現存する限定的数量に対して、それを得たいと期待する＝希望する人間が多くいることを示し、財が限定的であれば、誰かがそれを取得し、誰かが取得できないという現実がそこには歴然と現れることになります。もし、それが食物であり、その食物を今日摂取しなければ命を落とすというようなことがあれば、まさに自己保存本能からその食物を他者から奪い取ることを人は目指すでしょう。

自己保存本能から限られた食物を入手するという期待＝希望を持つことの意味をもう一度考えてみましょう。あなたの眼の前に一個の饅頭がある。これを食べないと明日の命は保障されない。誰しも明日生きていたいという希望を持つはずです。また、その饅頭を見つめているあなた以外の他者がいるとすれば、その人もまたそれを手に入れたいと思い、明日へ自らの命を生きながらえさせるために相手に負けられないと決意するでしょう。この場にいるあなたともう一人は先にホッブズが指摘したとおり、希望の平等を持っています。また、その二人の体格などの見た目が変わらなければ（このことが、能力が平等であるということを想起させます）、相手に勝てるという感情が湧いてくると思いませんか。まさに、この感情の根底に「高慢」が眠っているとは思いませんか。相手に勝つ、自分と同じように賢明なものはそう多くいないという気持ち、感情、過度の自己評価、傲慢性の姿ではありませんか。

■ 自己保存本能と高慢

ホッブズの闘争状態では、法のない、国家のない状態を自然状態として提示しますから、先ほどの明日の命を賭けた饅頭の争奪戦では、慈悲をかけたりはしません。相手を滅ぼしておかなければ、いついかなるときリベンジされるか分からない。したがって、ホッブズは、「互いに相手を滅ぼすか屈服させるかしようと努力する」と指摘します。ただし、彼の理論展開で私たちをホッとさせる件があるのをご存じでしょうか。私たちは戦争の諸不便を個々人が知っており、能力が平等であるのであれば、さらに自己保存本能からも私たちは「平和に向かわせる諸情念」を個々人が持つというのです。

「人びとを平和に向かわせる諸情念は、死への恐怖であり、快適な生活に必要な物事に対する意欲であり、それらを彼らの勤労によって獲得する希望である。」（同上、二二四頁）

「平和に向かわせる諸情念」は私たちの能力が平等であるからこそ、つまり、闘争における死の危険性や希望の喪失などの悲惨な状況は想像力を働かせれば、自ずと心の中に生まれてくるはずです。ですから、ホッブズ的な議論の中で、もし自己保存本能が発動され得ないときは、上記の闘争状態における高慢はある程度抑えられるものと解してもあながち不適当ではないでしょう。その証拠に、国家の設立はまさに財を奪い合う個々人の高慢を的確に抑制する装置であり、その個人の財を保証する機関としての位置づけとなります。個々人の高慢は国家という枠組みの中に取り込まれることによって、新しい対象を闘争の道具立てとしたといえるかもしれません。

先ほどのルネサンス精神としての「自由意志」＝欲望は、限られた階級・階層による未完成な国家形成時期において社会環境を混乱させたといえるし、それまでの前期近代における財物の非生産的で、極端な不公平を是正するには宗教的に「高慢心」を道徳的悪として批難・批判の対象としておいた方が統治者としても、さらには大衆への説得としても妥当だと考えていたように思えます。国家が個人の生命を保証することによって、「高慢」は明確に人間本性として近代イギリス思想――近代商業社会――の中に位置づけられたといえます。

■ 高慢は所有権を獲得した――ロック――

すでにお話ししたとおり、ロックの時代においては政治的に国内が安定し、経済活動が活発に行われる下地が国民に提供されていました。したがって、商業活動を牽引する中産者階級はさらなる私的利益追求とその安全な環境を求めていた時代であるともいえます。

この彼らの社会環境整備の理論こそロックの社会契約論であり、「市民政府が、自然状態の不都合に対する適切な救済策である」（『市民政府論』一九八三年、一九頁）と述べるところです。ロックによれば、自然法を犯す侵犯者の出現による危険と神から与えられた世界を自らの勤労によってその中から最大便益を獲得し、神がその勤労の成果を私有財産として私たちに認めたのです。私たちは市民政府――

法――を設けることによって、また私的所有権を獲得することによって個人としての財貨の無限的増大を許す環境を手に入れたといっていいでしょう。

個人的財貨の増加は、直接的に個人的に物質的豊かさを表すものとして多くの人々の目につくものです。そのことは、すでにトマス・モアが彼自らの時代の権力者に対して発した言葉が階層を下って、適応させる場面を出現させたといえます。「高慢心は自分の富を見せつけて惨めな人たちを苦しめ、その貧苦を煽り立ててやろうとしている」と。

近代商業社会は、少し言葉は古いかもしれませんが、プチブルジョアを生み出したといえます。自己保存の本能からの「高慢」は、私的所有の拡大する社会において「自分の賢明さについて有するうぬぼれ」（『リヴァイアサン』㈠、一九九三年、二〇八頁）の誇示的行為としてさらなる財貨の追求とその蓄積に向かう方向性を握ったのです。

■ 有名な「私悪は公益なり」――マンデヴィル――

皆さんはどこかで、「私悪は公益なり」という言葉を耳にしたことはありませんか。これはバーナード・マンデヴィルが著した『蜂の寓話』のサブタイトルです。すでに前出「見えざる手」の箇所で彼の風刺詩の有名な一部分をご紹介したところです。もう一度確認してください。とくに次の四節を見てください。

「他方で奢侈は貧乏人を百万も雇い
いとわしい自負はもう百万雇った。
羨望そのものや虚栄は
精励の召使であった。」（『蜂の寓話』一九八五年、二一一頁）

ここには「奢侈」や「自負」さらには「羨望」、「虚栄」という語句が並びます。この人々の心の中に現れる諸感情の名称――自負、羨望、虚栄――こそ私たちの豊かな経済社会ではすぐにお目にかかることのできる、表向きにはあまり好ましくない意味を含んだ語句です。

マンデヴィルは、この当時の道徳厳格主義者と重商主義者たちに対する批判として先の「私悪は公益なり」というフレーズを使ったといわれています。「私悪」はすでにお分かりのとおり、私的利益のみを、欲望を追求しようとする行為であり、通常の他者への慈しみなど意に介さない行為だと考えればよいでしょう。このような行為は明らかに道徳家や宗教家から見れば不徳な行為であるでしょう。私たちは謙虚な慎み深い質素・倹約を常とする生活をしていくべきであると彼らは説くでしょう。この行為信条に対して、マンデヴィルは次のように同じ蜂の巣の風刺詩の中で表現しています。

「さて輝かしい蜂の巣に注意し
正直と商売が一致する様を見よ。
見せかけは消えてみるみる薄れ

まったく別の顔のように思える。
莫大な金額を毎年使う
人々が絶えたのみでなく、
それで暮らした大勢の者もやむなく
毎日それにならうことになったからだ。
ほかの商売に飛びつくがだめで
どこも同じく人があまっていた。」（同上、三〇頁）

多くの人々が、儲けるなどという欲を出さず、質素な暮らしぶりになった情景をあなたも思い浮かべてください（本当に、多くの現代を生きる方々も、もし多くの物的欲望を排除できればそれにこしたことないのかもしれませんが）。上記の「莫大な金額を毎年使う」人々（＝決して大金持ちばかりでなく、大衆も含めて考えれば）がいなくなってしまうことは、多くの商売＝企業にとっては大変な損失となってしまうでしょう。いつでも企業は市場リサーチを行い、消費者が欲しいもの（＝需要喚起）を生産し、販売を続けている現状を見ても、上述の「それで暮らした大勢の者」（＝商売人）も失業して、経済活動が麻痺してしまう光景が見てとれるでしょう。

マンデヴィルはこのように、道徳家や宗教家の勧める生活態度＝徳ある行為がいかに私たちの暮らしぶりを、国家の経済的活況を削ぐものであるかを私たちに見せているのです。次の内容も同じことを指しています。

「いや国民が偉大になりたい場合
ものを食べるには空腹が必要なように
悪徳は国家にとり不可欠なものだ。
美徳だけで国民の生活を壮大にできない。」（同上、三五頁）

私たちの欲望（＝私悪）こそが経済的繁栄の原動力であることはお分かりでしょう。「奢侈」、すなわち贅沢を求める私たちがその贅沢品を生産する人々の生活を支えている。「自負（pride）」、自慢するために、あるいは「虚栄」、見栄を張るために必要な商品を購入することによってその企業の存続と雇用を守っていることも了解するところです。

マンデヴィルは精神科医らしく人間を「種々の情念の複合体」であるといい、さらに「人間は欲望に動かされる以外には、決して努力するものではない」（同上、一六八頁）とも述べています。彼の人間本性分析の鍵言語として「自己愛（self-liking）」の存在が挙げられます。この「自己愛」こそが高慢の原因であるとして次のような解説があります。

「高慢とは、悟性をもつあらゆる人間が、彼のすべての資質と事情に十分通じた公平な裁定者が彼に許しうる以上に、彼自身のことがらを過大に評価し、よりよいように空想する、あの生れながらの能力なのである。」（同上、一一三－四頁）

この「自己愛」は自己保存本能の別名であると考えれば、すでにお話しした商業社会での「高慢」は単に延命への本能としての能力の他者より優越しているという気持ちではなくて、自らの生活水準の向上を目指す、最終的にはやはり他者よりも優位的立場に自らを立たせたいという気持ち――「よりよいように空想する」――として理解できるでしょう。多くの人々がよりよい生活を渇望し、その先に他人との差異――「自慢」や「虚栄」――を誇示しようとするとき国家という枠組みの中で私的利益（＝私悪）追求の社会は完全に、マンデヴィルが「私悪は公益なり」と強調するように、全面肯定される環境となったといえるでしょう。

▣ マンデヴィルを叱る――スミス――

ここでは、スミスの考える商業社会（現代風にいえば「経済社会」ですが）における「高慢」分析を概観します。そのことが、現実社会における自己チュウの再考察への足場を提供してくれると考えます。

スミスは『道徳感情論』の初版からマンデヴィル批判を行っていました。

「私の理解では、自愛心がしばしば行為の有徳な動機でありうるから、この問題の解決は、徳性の実体を確証することにとってなにも重要性をもたない。私はただ、名誉あり高貴であることをしようとし、我々自身を尊重と明確な是認の対象にしようとする欲求が、いくらかでも適宜性をもって虚栄と呼ばれることはあり得ないということを、示そうと努めよう。」（下、三一九頁）

これは、スミスがマンデヴィルの自己愛から出る行為、すなわち私悪として定義された「高慢（自負）」や「虚栄」を社会的実践的状況において再定義しようとしたものと理解できるでしょう。

スミスは私たちの気持ちとして、次の三つの欲求を挙げています。①自らを名誉と尊重の適切な対象とし、その名誉と尊重を得ようとする欲求。②名誉と尊重を本当にそれらの感情に値するように獲得したいと願う欲求。③とにかく内容はどうあれ賞賛を得たいというつまらない欲求。スミスは前出の①、②は適切な評価の対象となり得ることを指摘しています。次の言葉がそれを表しています。

「名誉あり尊重すべきものになろうという欲求と、名誉と尊重への欲求とのあいだ、徳への愛と真の栄光への愛とのあいだにもまた、類縁性がある。それらは双方ともに、ほんとうに名誉あり高貴であるものであろうと目指すという点で、相互に類似しているだけでなく、真の栄光への愛が、虚栄とよばれるのが適切であるもの、すなわち他の人びとの諸感情へのある依拠関係に類似している点においてさえ、そうである。」（同上、三二二―三頁）

私たちは他者から好意的な評価を、さらには称賛を得たいという欲望を抱いています。このような欲望を持つこと自体が、人間が社会的動物であることを表していますし、自己存在の誇示ということこそ個々人の「高慢」の提示であるともいえます。

上記の①は、まさにその対象になりたいという気持ちであり、②は誰が見ても適切にその対象として認められうる対象であり、自らも的確にその評価に値するという気持ちを持つものであるといえます。前者が現実的世界での他者評価を手に入れるだけのものであっても、後者と同じように「名誉と尊重」への欲求を持って行動している点においては同程度の容認できる点を持っているという、スミスの評価だと思えます。

ですから、もしあなたが人命を救助したとして表彰されたとき、あなたの心はどうでしょうか。あなたが非常に謙虚な人で、その行為が当たり前であったと考えるならばあなたにとってこの他者評価は大きな意義を持ち得ないものとして感じるかもしれません。一方、何も考える暇もなく人々から感謝の言葉を掛けられるのに心地よさを感じているとすれば、あなたは自分が称賛の対象であることに満足しているかもしれません。他方、あなたが他者評価を得たい——目立ちたい＝見栄を張る——無思慮な人（本来であれば、その状況に飛び込んでいくことは自らの命を落とすような状況）であれば、上記の③の行為へ突き進むことがあるかもしれません。

マンデヴィルによる私的利益追求の高慢が近代商業社会の経済部面で認められたことを前提として、スミスは社会的実践的——生活——部面で「高慢」を捉え直そうとしていたといえそうです。

■「高慢」と「虚栄」は優れている

スミスは自己規制論を論じる箇所で、「高慢（pride）」と「虚栄（vanity）」を取り上げ、「ふたつの悪徳は、両者ともに過度の自己評価の変形なのだから、いくつかの点で相互に類似しているとはいえ多

く の点で非常に相違している」（下、一九四頁）と指摘した後に、「高慢な人間」と「虚栄的な人間」の特徴を拾い上げる作業をしています。

「高慢な人間」については、自らの優位性を確信している人であること、また自らの行為の決定に対して思慮深く、頑固である旨を指摘しています。一方、「虚栄的な人間」については、自らの優位性を心の底から確信しておらず、身分と財産に対して払われる尊敬を得たいがために、多くの上長者や上流の人々と積極的に交わろうとするとし、彼は自らの生活様式を本当の自己自身より大きく見せるように努める旨を指摘した後に、彼らにはそのような行動への活き活きしたバイタリティを有していると指摘しています。

スミスは次のように語ることによって、二つの悪徳と思われている「高慢」と「虚栄」の利点を明らかにします。

「この本当の優越性が存在する場合、高慢はしばしば、多くの尊敬すべき徳性、すなわち、誠実、高潔、高度の名誉感、あたたかくてしっかりした友情、もっとも不屈な不動性と決意をともなっている。虚栄は、多くの愛すべき徳性、すなわち、人情、礼節、すべての小さなことにおいて恩恵を与えたいという気持、そしてときには、大きなことにおける本当の寛大さを、ともなっている。」（同上、二〇二頁）

また、この議論の後、すでに触れている「高慢の本能」は自己評価に言及している箇所で扱っており、「高慢の本能」が「自分たちを、年齢と境遇において自分たちと同等の人々と、同じ水準」に自らを置こうとする旨、スミスは指摘します。それに加えて、私たちにとって非常に興味深い発言があります。

「ほとんどすべての場合に、どんな点においても、卑下しすぎるよりも、少し高慢でありすぎる方がいいし、自己評価の感情においては、ある程度の過大は、その人物自身にとっても、中立的な観察者にとっても、どんな程度の過小よりも、不快さが少ないように思われる。

したがって、他のすべての情動、情念、慣行においてと同様に、この点でも、中立的な観察者にとってひじょうに快適な程度は、その人物自身にとっても同じくひじょうに快適なのである。」

（同上、二一一-二一二頁）

私たちはこの内容をどのように解釈したらよいのでしょうか。これを解き明かすことが私たちの本性としての「高慢の本能」を近代経済社会生活の中で位置づけるものとなるかもしれません。さらに、現代の私たちの実践社会の中での「高慢」の意義も僅かながら判明するものと思われます。

■「高慢」は人間関係を構築する

私たちはこれまで、ホッブズ、ロック、マンデヴィル、スミスという一七世紀から一八世紀末までの近代商業社会形成期から完成期の人間本性観の変遷の中で、「高慢」の系譜を追ってみました。

あえて、次のように四つの「高慢」を提示してみましょう。すなわち、①自己保存本能（生命）としての「高慢」、②私的所有（法）獲得における「高慢」、③公共的利益に貢献（経済）する「高慢」、④社会生活の便益（実践道徳）に関わる「高慢」と仮に名付けることができるかもしれません。また、この四つの「高慢」は近代市民社会形成の流れとも照応しているといえるのではないでしょうか。

この「高慢」という人間に賦与された能力は、まさに法なき世界＝自然状態においては、自己の生命を保持するために、つまり自己以外の存在に対して自らの優越性を堅持することに働き、ホッブズが述べたように能力の平等から、平和を志向する諸情念が出てくることも指摘されたところです。この同等に感ずる、同じことですが、同様に想像できる能力を持っているからこそ社会契約における各人の自然権の同時・即時的な放棄と国家人格の構築ができる土壌を人間が持っていることを表します。その上に、ロックが法を知る・法に従う能力を示すことによって、翻って、市民政府の明確な権限の行使できる政治社会の下で、個々人は私的財産を安心して増やすことができるようになり、その財力がその個人の力を誇示できる道につながったといえます。

マンデヴィルに至っては、経済的繁栄における、先の私的所有の増大に伴う「高慢」のさらなる補強が、国家的繁栄＝経済成長のラインと軌を一にする形で論じられるとともに、需要創出という観点での「高慢」の明確な是認ならびにメリットの強調として指摘されたといえましょう。

一方、スミスの時代では、彼が商業国の乞食と未開の国の首領を比較したたとえからも分かるように、ある程度の富が蓄積された社会環境が整っていたものと考えられます。であれば、スミスが先に示した「高慢」と「虚栄」は、単に道徳的・常識的な評価に限らず、そのことは一側面でのマイナス的要素を示すにもかかわらず、私たちの実生活の中での十分なプラス的要素を持ちうる気持ち――感情、あるいは本性――として、個人としての人生指針や人間関係性の潤滑油的側面をも持ちうるものとして再評価されたといってもいいかもしれません。

商業社会＝経済社会の発展は、価値の多様化を生んできました。この状況は一見して豊かさの証しのように思えますが、実は価値が多様化したことと同時進行的にそれを追求する人間相互の結びつきを疎遠にしたともいえるのです。私たちにも経験があるように、お互いの追求する価値そのものの内実が見えにくくなれば、相手の存在自体も不確かになってきます。この現象がオタク文化なるものに対して、これまで陰湿でタコ壺的な負の評価が与えられた原因ではなかったかと思います。今では、オタク文化が定着して、そのことはオタクと呼ばれる人々が、自らかあるいは他者評価によるものかはこの際脇に置いておきますが、自己主張することによって、さらには自己の表現する場を積極的に得てきた結果、多くの人がその価値を、存在を認知するようになったといえます（鉄男、鉄子もその類の典型的な例ではないでしょうか）。

今の「自己チュウ」なるものの存在は、その点、「高慢」の悪しき部分＝私的利益追求のみに関わり、スミスが評価した「高慢」のメリットを活かしていないのではないでしょうか。価値観の異なる人々に自らの存在や主張を伝えるためには（そういう私もなぜこのような文章を書いているかといえば、自らの「正当な」〔?-〕考えを皆さんに伝えるため。すなわち、高慢にも「自分の主張は的をえているのだ」という過大な自己評価）、自ら進んでコミュニケーションをとる労力――高慢なる自己評価――と時間が必要となるのです。

また、すでにお話ししたスミスの「高慢の本能」に関する内容は、自己自身を年齢と境遇において自分と同等な人々の間に置き、彼らと同じ水準に身を置こうと自己主張することを指摘していました。そのような彼らの勇気と不動性が彼らの仲間内での地位を確固たるものにする旨も提示していたところです。この人間的関係を国家間同士――先進国と途上国――の関係として類比的に描いた記述が『国富論』にあります。

「これら〔アメリカ大陸と東インド航路〕の諸発見が行われた特定の時期には、たまたまヨーロッパの人間が著しく優越していたので、彼らは遠隔の地域で、何ら罰せられることなく、さまざまな種類の不正、不義を働くことができたのである。ところが、今後はこれらの地域の住民は、これまでよりも強くなり、同じことだが、ヨーロッパの人間の方がそれだけ弱くなり、世界のあらゆる地域の住民は、その力と勇気において対等になるであろうし、そうなれば互いに恐怖心をもつようになるだろうが、自ら独立国の不正不義が抑制されて、互いに他の国民の権利をある程度尊重しあうようになるだろう。」（『国富論』Ⅱ、一九七八年、四〇二–三頁）

上記のように、確かにヨーロッパの国々は途上国を植民地化してきましたが、途上国はひとたび先進文明国と接触するや否や彼らの状況は様変わりします。彼ら途上国は先進国の傲慢な態度に対してそれがいかに理不尽なものかを自ら主張することによって、少しでも対等な立場を獲得すべく考え、行動に移すことになります。途上国の「高慢の本能」は他国（＝他者）からの独立と平等を要求するのです。

スミスの次の言葉は、先進国と途上国の「高慢」が相互バランスをとっていく過程を表しています。

「この対等な力のバランスを確立するについては、すべての国々相互のあいだに貿易が自然的に、いなむしろ必然的にもたらす知識と改良の交流以上の有効なものはなかろう。」（同上、四〇三頁）

私たちは自己自身＝自己存在を主張しあうことによって、またその行為自身が相互の「知識と改良の交流」となること、言い換えれば、相互の思索的交流こそが相互の知識等の交流のみならず諸感情の交流をも引き起こすことによって、共感と反感という原初的な好悪のみならず、他者への配慮（＝想像上の立場交換）をも芽生えさせるものとなるでしょう。

私たちは「高慢」の本性の社交性――ソーシャビリティー――を身につけるときにきているのではないでしょうか。「高慢」とは、社会生活の、また人間関係に欠かせないコミュニケーション機能――本性――であることを、私たちは改めて自覚しなければなりません。コミュニケーションのできる＝他者に自らの思いや意見を伝えることのできる想像力のある人間として、「個」としてのアイデンティティを持って、スミスの「高慢の本能」は私たちの生活下で体現されるのです。そのための人間作り

＝教育の話も、第二部の最後に残したスミスの言葉――「教育の大きな秘密は、虚栄を適切な対象にむけることにある。」――のより深部にある意味を私たちは探らなければなりません。

教育を考える

■ 民主党のマニュフェスト

民主党のマニュフェストにおける「五つの約束」の中の一つに、「子育て・教育」の項目があり、そこには「中学卒業まで、一人当たり年三一万二〇〇〇円の『子ども手当』を支給します。高校は実質無償化し、大学は奨学金を大幅に拡充します」と宣言してあります（二〇〇九年時点）。いかに現在の日本において、教育にお金が掛かるかという現実と、この経済的停滞の下で、大企業はもとより中小企業は非常に厳しい経営環境にあり、両親の収入減、さらには失業という経済的事由により、とくに高校の授業料が払えずに退学する学生が多くいることが社会的問題となっているのは事実です。また、中学では、恒常的に教育の根幹を塾などの教育サービス機関に乗っ取られた状態で、本当に学力を養成するためには多額の授業料を学校ではなく、彼らの産業に支出していく現実があります。したがって、子供たちの教育費は学校プラス塾産業の二重の負担となって家計を苦しめているといっていいでしょう。

この現実が私たちの目の前にあるのは、教育評論家の尾木直樹氏が「教育現場に経済優先の考え方と手法を無理やりに導入し、教育現場の管理を強化したこと」と、その観点から数値目標や成果主義が学校現場に入り込み、「教育現場が会社そのもの」と化したと指摘されるところと重なるところです。さらに尾木氏は「現場を知らない人たちが細かなカリキュラムにまで口を出す」とこれまでの政府＝政治が行ってきた『構造改革』路線を批判しています（『日本経済新聞』二〇〇九年九月一〇日付、「新・教育考」第一回より）。

これは教育現場を会社化＝効率化することによって、その効率から排除された教育をすべて国民の負担としたともいえるでしょう。構造改革は確かに市場原理主義を徹底して、国家財政を再建・スリム化する狙いがあったことは明らかなのですが、教育という国家の将来を担っていくはずの子供の将来をもスリム化＝貧弱化させてしまったといえるでしょう。私たち国民は、国家が行った教育の貧弱化＝経費削減部分を自ら背負うことになったのです。したがって、民主党が先に示した「子ども手当」や高校の授業料無償化などの措置は明らかにこれまでの政治の失策を補うための約束であると理解してもいいでしょう。付け加えておきますと、経済協力開発機構（ＯＥＣＤ）が発表した「二〇〇六年主要国の教育に関する公的支出割合（ＧＤＰ比）」で日本はなんと主要国二八カ国中二七位だったそうです（二〇〇五年では最下位）。公的支出割合の平均は四・九％で、日本は三・三％と平均より一・六％も低いということになります。もちろん日本の高等教育修了率は他のＯＥＣＤの国々と比較しても高水準ですが、国家としての教育関連予算の支出がいかに小さく、個々の家計がいかに多くの教育費を負担しているかを窺わせています。

これまでに「教育」という文字を私は使ってきましたが、上述に教育の中身に関わる議論めいたものがあったかというと皆無ではなかったかと思います。当然、民主党の約束内容にもそのような具体的な将来を担う子供たちへの「教育」の目指すもの＝これからの人間像や未来社会像の記述は一つも見当たりません。

■ 教育に競争原理はいらない？

スミスのまとまった教育論は現存しないといってもいいでしょう。しかしながら、彼の著書『国富論』第五篇「主権者または国家の収入について」第一章「主権者または経費について」第三節「公共事業と公共施設の経費について」第二項「青少年教育のための施設の経費について」、ならびに第三項「あらゆる年齢の人々を教化するための施設の経費について」で、ある程度論じられているといえます。この第五篇は代表的に公共事業と軍事について論じられており、財政編とも呼ばれるところです。

教育議論の中で、スミスがイングランドのオックスフォード大学批判をした次の箇所は有名すぎるところではないでしょうか。

「オックスフォードの大学では、正教授の大半は、ここ多年にわたり、教えるふりをすることさえ、

すっかりやめてしまっている。」（『国富論』Ⅲ、一九七八年、一一四頁）

この文章の真意は、大学において果たして寄付金とは有効であるかの議論とリンクしており、安易な収入を得ている教師とその環境を批判した箇所でもあるのです。「学校や学寮の寄付財産は、どうしても、教師たちが精を出す必要を多かれ少なかれ減らしてしまうことになった」（同上、一一一頁）、と。ですから、多大な寄付金（現代風にいえば、多額の助成金）を獲得する大学では、競争と対抗の意識が教師相互に働くことはなく、また時代の潮流を受け入れることなく、進歩的な改革をしていない旨、スミスが批判しています。

スミスは教師の報酬について、「学生が教師に支払う授業料あるいは謝礼金が当然この種の収入」（同上、一一〇頁）であると、明言しています。スコットランドでは、早くから教授職の収入は現在の基本給に当たる部分と、学生評価に当たる歩合制的な収入があったそうです。したがって、教師の今日の授業を学生が査定して、教授の帽子の中に「今日の授業に見合う代金（今日は面白かった＝千円、あるいは、つまらなかった＝十円など）」を支払ったといわれています。これなど、まさに現在私たち教員が春（＝前期）と秋（＝後期）に学生の授業評価アンケートを受けているわけですが、その評価アンケートの原盤といってもいい手法ではないでしょうか。

したがって、スミスの職業観としての教授職も、通常の職業と同じく競争と対抗心を育むことによって、それぞれの職業的精度や熟練度が向上していくと考えていたのです。次の叙述がそのことを明らかにしています。

「競争が自由なところでは、誰もがお互いに相手を仕事から押しのけようと努めている競争者たちの対抗関係があるから、各人ともその仕事をある程度は正確に仕上げようと努力しないわけにゆかない。」（同上、一一一頁）

当然、教師という職業も生徒や学生にいかに分かりやすく、またより理解度を深める授業にすべく日々努力している方々が多くいることも事実であると思われますが、一方では、毎年の繰り返しとしての単調な授業を行う教師というのもいまだにどこかに生息すると思われます。スミスは教師たるもの他者評価に敏感であれともいっています。その他者評価が、先の寄付金財産が少なかった学校教師の生命線＝「生計費の大部分」を占めていたこともスミスは語り、「世間でもてはやされている諸見解に、いっそうの注意を払う」（同上、一三〇頁）ことが進歩的な改革に必要であることを指摘しています。

さて、上記のスミスの言説において、今日的な問題として、構造改革の過程の中で、多くの国公立大学や行政機関が独立法人化していった経緯があります。その独立法人化が先の議論の教育への市場原理の導入化ということにもなりました。これは国家が教育費への支出を削減する一つの名目でもあったのです。これは、ある人がスミスのように、国公立大学と行政機関の内部に、当時の近代イングランド的空気（ここでは、寄付財産の多い大学でのぬるま湯的空気）を見て取ったのではないでしょうか。国民から預かった税金によって賄われている高等教育機関が、またその中で勤務している教職員が自らの私腹と身分の安定確保のためだけにお互いにそのような環境を作っていたとすれば、それは誰が見ても改めなければならない事柄であると気づくでしょう。スミスの次の言葉で、ドキッとされる肥え太られた方々ももしかするといらっしゃるのではないでしょうか。

「学寮や大学の校規は、総じて、学生の便益のためにではなしに、教師の利益のため、もっと端的に言ってしまえば、教師の安逸のためになるようにできている。」（同上、一一八頁）

となれば、スミスのここでの競争原理は職業としての教師に対する叱咤激励といえるのではないでしょうか。

■社会を破壊する貧しさと悲惨さ

ここで私はジェームズ・ミル（J・S・ミルの父）の『教育論』から注目すべき叙述を拾ってみます。

「大多数の人たちが極貧の状態にないということは望ましいということ、民衆が極貧であれば、すべての階級のものが邪悪であり、すべての階級のものが憎悪に満ち、すべての階級のものが不幸であること、こうしたことは現在ではあまねく認められている。」（『教育論・政府論』一九八三年、九七頁）

ミルはどの程度の状態の貧しさを極貧と呼んだのでしょうか。一八世紀後半から一九世紀前半を生きた彼にとっての貧しさはすでに私たち現代人の比ではないでしょう。皆さんもご存じのとおり、例えば、当時の炭鉱の石炭掘りに少年が駆り出されており、狭い穴からバケツ一杯の石炭を運び出している当時の絵を一瞬だけでも見れば、その青少年が置かれた環境が推し量れると思います。そのように日々の糧を得るために働いている少年たちに教育の場などあろうはずもありません。スミスも庶民の間では教育のために割ける時間がほとんどない社会環境を見ている箇所が『国富論』第五篇にあります。

また、ミルの次の言葉は私たちの前に突きつけられている非正規雇用やワーキング・プアの惨状を提示する心情ではないでしょうか。

「しじゅう困苦に苛まれ、一かけらの快楽の訪れもなく、希望からもほとんど締め出されているといった人間は、しだいに同胞に対する同情心を失い、同胞の快楽に嫉妬を抱く。やがて彼は憎しみさえ抱き、他の人たちも皆自分と同じように惨めになれとさえ考えるようになる。このことはごく一般的な経験に照らして明らかである。」(同上、七四頁)

ミルは、この関連項目で食物の不足が人間の精神状態に与える当時の学説にも触れています(私たちにとって、日ごろの食事がいかに身体にとって重要であるかは周知のとおりです。例えば、朝食をとらないと集中力がないとか、すぐキレる子になるなど)。上記の内容は単に非文明国や未開社会での話ではないでしょう。まさに、記憶に新しい事件として秋葉原通り魔事件の被告も雇用契約切れの非正規(契約)社員ではなかったでしょうか。豊かであるはずのこの日本という国の中で、多くの方々が失業に直面し、日々の生計さえままならない、それが今の日本の状況であることも私たちはよく承知しているはずです。教育は現状を打破する起爆剤になれるでしょうか。悲しいかな、現状を打破するような瞬発力を教育は持ってはいないでしょう。ただし、教育は大きな可能性を未来につなぐ、未来に咲かせることのできる潜在的な力を秘めているといえます。

■ 豊かな社会への警告

すでに第一部で、スミスの分業社会での単純労働に携わる人々の理解力が衰えていくという内容に言及をしたのですが、この分業社会での労働者の理解力の議論こそ、スミスの教育論の一端であったのです。

スミスのこの論をもう少し追ってみましょう。彼は労働者の理解力が衰えるのは、彼らの暮らしている社会に「そもそも、そういう（努めて理解力を働かせたり工夫を凝らしたりする機会）困難が決して起こらない」ので、「自然にこうした努力をする習慣を失い、……愚かになり、無知になる」（『国富論』Ⅲ、一九七八年、一四三頁、（ ）内は引用者）としています。

「その精神が麻痺してしまうため、理性的な会話を味わったり、その仲間に加わったりすることができなくなるばかりか、寛大で高尚な、あるいは優しい感情を何一つ抱くこともできなくなり、結局、私生活のうえでの日常の義務についてさえ、多くの場合、なにもまともな判断が下せなく

なってしまう。」（同上）

スミスは、そのように理解力を失っていく生活の場面を、「単調な生活」、「淀んだようなかれの生活」と表現しています。スミスは、その生活が肉体的な活力とともに「知的な、社会的な、また軍事的な美徳」（同上、一四四頁）を喪失していくと注意を喚起しています。

「これこそ、進歩した分業社会ではどこでも、政府がなにか防止の労をとらぬかぎり、労働貧民、つまりは国民大衆の必然的に陥らざるをえない状態なのである。」（同上）

スミスは確かに『国富論』の第一篇で分業論の、また文明社会における生産力の増大を国富として示したわけですが、この第五篇では、その分業社会が、同じことですが、私たちの進歩した文明社会の足を引っ張りかねない状況を当時の知識人たちに提示することによって、国家における教育の明確な必要性を主張しているのです。

「庶民の教育は、文明の進んだ商業的社会では、いくらかでも地位や財産のある人々の教育より、おそらく、国が一段と配慮してやる必要があろう。」（同上、一四五頁）

「かりに、国家は、国民の下層階級を教育しても、なんら利益があるものではないとしたところで、彼らをまったくの無教育のままにしておかないようにすることは、やはり国の配慮に値しよう。」（同上、一五三頁）

ではなぜ、スミスはそのように「国の配慮」を求めるのでしょうか。

■ 国民が国家を造る

国家の議論で私が一番に思い出すのが、プラトンの国家論における「腐敗した国民が腐敗した国家を造る」という文言です。プラトンの師であるソクラテスがアテナイの人心を惑わせた罪により公開裁判にかけられて処刑される。そのアテナイの市民は当時のソフィストの俗世的出世主義的な方法論にのみ心を動かされ、哲学者ソクラテスの真実を貫く人々への問い掛けは排除されてしまったという現実にプラトンが直面して、彼の有名な『国家篇』が書かれたといわれています。

この『国家篇』は、人間における「正義」を扱っているのですが、国家という大きなものの中の「正義」を考察した方が分かりやすいとして、国家における哲人王（哲学者が王となるか、王が哲学をする人間となるそのような人）やその補助者としての守護者階級の教育論へと話は展開していきます。『国家篇』は私たちの一般的印象からいって政治的議論に終始しているという先入観がありますが、この書物は紛れもなく国家に必要不可欠な人材を育てるための教育論に多くの紙幅をとっています。プラトンにとっては、真実を究明しようとする人々が、また、神の国を見たものが理想的な国家を建設していくべきであるといっています。したがって、当時のソフィストの存在は、単に現世的な私的利益のみを追求する「高慢」な国民を扇動し、真理を探究する哲学者が生きていけない環境を生んでいたのです。

プラトンの公共心は極めて厳格で、私的所有を守護者階級に認めていません。彼らは国家に奉仕する（現代では、国家公務員でしょうか）人々であり、その奉仕こそ彼らの喜びであり、他の階級も自らには真似のできない行為として彼らに敬意を示すのです。現実の日本の国家公務員、いわゆる官僚の方々（すべてとはいいません）の天下りが大きく報道されていることを考えれば、このプラトンの教育を受けた、さらには選抜試験を受けた哲人王の補助者である守護者階級の人々の振る舞いをわずかでも見習ってもらいたいものです。

私たちの国家＝日本も、時代は違いますが、プラトンが批判したポリス都市国家アテナイと同様に公共心をなくした多くの官僚たち――立身出世主義――とその他の追随者によって、教育の真の方向性を狂わされているとしたら、プラトンの述べる「腐敗した国家」への道を私たちも歩んでいることになるでしょう。

■ 教育とは国民作り

先ほど、スミスの叙述の中に「国の配慮」という語句がありました。もしかするとこの「国の配慮」とは、プラトンが神の国を模倣して建設する理想的国家と同様に、スミスの目指す国家・国民のあり方に通じることにもなりましょう（スミスは、『道徳感情論』第七部でプラトンやアリストテレスの道徳哲学体系について論じています）。

「つまり、彼ら（庶民、国民の下層階級）が教育を受ければ受けるほど、無知な国民のあいだで、もっとも恐るべき無秩序をしばしば引き起こす狂言や迷信の惑わしに引っかかることが、それだけ少なくなる。その上、教育のある知的な国民は、無知で愚昧な国民よりも、つねに慎み深く秩序を重んずる。」（『国富論』Ⅲ、一九七八年、一五三頁。（　）内は引用者）

スミスは、教育が普及することによるメリットとして、文明社会での分業の弊害による理解力の衰えを防ぐことをすでに提示していましたが、上記では、国家的秩序の尊重にも貢献することを強調しているといえます。また、スミスは私たち個々人の知的能力も同じように一定程度の基準に達することを求めているようです。「人間として知的能力をまともに使えない人」は軽蔑すべきであると述べたり、少々過激ですが、「片輪であり、畸形なのだと思われる」とも洩らしています。

スミスは多くの国民への教育の義務付けにも言及しています。

「国は、ごくわずかの経費で、国民のほとんど全部に、教育のこうしたもっとも基本的な部分（読み書き、計算）を修得することを、助け、奨励し、さらには必須のものとして義務付けることが出来る。」（同上、一四七–八頁。（　）内は引用者）

さらに、教育と科学は以下の内容では同意として考えていいと思います。

「科学は熱狂や迷信という毒にたいする偉大な解毒剤であり、そして、上流階級の人たちが皆この毒から守られているのに、下層階級だけはむき出しでその毒にさらされる、などということは

ありえない。」（同上、一七一頁）

上記のスミスの叙述は、一国の安定的な秩序が、いかに国家の教育政策に大きな関わりがあるかを私たちに示してくれています。

■ 教育の目的とは？

ミルの『教育論』の始めに次のような「教育の目的」の定義が示してあります。

「教育の目的は、個人を、まず第一に自分自身の幸福にとり、第二に他の人々の幸福にとり、できる限り有用な手段とすることにある。」（『教育論・政府論』一九八三年、一五頁）

私がこのミルの「教育の目的」を読んだとき、スミスの『道徳感情論』第六版第六部「徳の性格について」の序論の一文を思い出しました。それは次のようなものです。

「われわれが、だれか個人の性格を考察するとき、われわれは当然、それを、二つの違った側面からながめる。第一に、それが我々自身の幸福に作用しうるものとして、第二に、それが他の人々の幸福に作用しうるものとしてである。」（『道徳感情論』下、九三頁）

ミルがスミスの『道徳感情論』を精読していたか否かは、私自身定かではありません。しかし、ミルの同書には、すでに私たちが扱った『国富論』第五篇での分業社会における理解力の低下における指摘があります。

この内容の同一性はどのように説明すればよいのでしょうか。教育とは個々人に直接的に作用します。また、ミルは教育の目的を別の箇所で、一八世紀の観念連合的思索よろしく、「教育の目的は――他の連鎖よりも――ある一定の連鎖を持続的に作り上げることであって、連鎖そのものについて最大の知識を持つものでなければ、その目的に対する手段を獲得することができない」(『教育論・政府論』、三七頁)と述べて、思考を形成する感覚・感情等の連鎖を有益なものに誘導することの重要性を強調しています。さらに、その適切な観念連合が個人と人類の幸福に結びつけられる旨、著します。

「観念の連鎖を最もよく始動せしめる傾向のある感覚が適切に選びだされ、まず個人の、つぎに同胞の幸福に役立つ連鎖が習慣によってこれらの感覚に効果的に結びつけられるなら、人類の幸福のために計り知れないほど重要な準備が整う。」(同上、三九頁)

また、ミルが、「我々は、知性、自制心、博愛の三つを、目的に至る重要な精神の資質としてあげる」(同上、八一―二頁)のです。さらに、自制心と博愛心を作り出す連鎖はすべての階級に同じように培われる必要性を述べ、その後、ミルは幸福と知性の親密な関係性を否定する意見に真っ向から反対を表明します。

「幸福になったり、道徳的になったりするのは知識の量に比例するものではないこと、このことが日常の経験によって人々にわからせるようせられるべきだ、と説かれてきた。しかしこれは浅薄な反対論である。」(同上、九五頁)

上記のようにミルは反対論を退けると、スミス的な国家のあり方と教育（＝知識）の強い結びつきを指摘します。

「さらにまた、個人個人には非常に多くの知識があっても、それらが最善の知識ではない場合があろうが、国民全体をとってみるとこのことはめったに起こりえない。知識が一般的に普及しているときには、全体にせよあるいは大部分のものにせよ、正しい知識の対象を見失うことはまずありえないであろう。」（同上、九五―六頁）

このようにミルが述べる真意は、私たちがすでに見てきたとおり、教育が個々人としての国民の知性を豊富にすることによって、そのことは様々な知識＝思索の種子をまくことによって、同じことですが、最善な観念連合（＝想像力の束＝習慣による適切な思考経路の選択＝判断力）によって、自らの幸福な状態の追求やその獲得に貢献するばかりか、さらには自制心（幸福追求における欲望等への抑制）と博愛心（他者を思いやる＝相手の立場を想像できる同感感情）をも培う基礎が教育によって確立されることを強調しているのです。

■ 高慢が「見えざる」社会を築く

これまでのミルの議論は、スミスの『道徳感情論』の「徳の性格について」を想起させるものであることはすでに指摘しましたが、その「徳の性格について」の議論の中心となるのが、第一篇の慎慮について、第二篇の慈愛について、さらには第三篇の自己規制についてなのです。このラインナップは先のミルの教育の目的に至る三つの精神的資質として取り上げられたものです。

私たちはそろそろ結論めいた形のものを提示するときがきたようです。

スミスが「教育の大きな秘密は、虚栄を適切な対象にむけることにある」と語った箇所は自己規制論の項目でのことです。さらに、スミスは次のように述べていたことを思い出してください。

「彼がとるにたりぬ諸達成について、自分を高く評価するのをけっして許してはならない。しかし、本当に重要な諸達成について彼が僭称することを、必ずしもつねにくじくべきではない。もし彼が、それらを所有したいと真剣に欲求しなかったならば、彼はそれを僭称しなかっただろう。この欲求を奨励せよ。獲得を容易にするすべての手段を、彼に提供せよ。そして、彼が時として、それをするより取得するより少し前に、取得してしまったように装うとしても、あまりそれに腹をたててはならない。」（下、二〇五頁）

私たちに必要な教育として、知育、体育、徳育の三つが昔から挙げられています。また、これまでに扱ったプラトンも「正義」＝知性、気概、節制の調和を国家のそして人間の身体にも類比して健全な姿を提示していました。ミルは、知識が幸福には不要であるという議論に反対し、やはり知性と自制心と博愛心の三つが個人と国家（＝他者との共存）の幸福に欠かせない旨、指摘したところです。スミスは個人の性格をつかさどる観点から、徳性の本来性を分析する過程をとおして、同感の原理を基礎とした慎慮と慈愛と自己規制の人間本性における調和を強調したといえるでしょう。であるなら、ミルの「教育の目的」とは個々人の精神的資質、スミスにおいては個々人の性格を、個人の幸福と他者の幸福の緊密なる関係性を自覚させるための人格形成＝人間本性の完成を目指す教育が必要であることを示していたのではないでしょうか。こう考えてみると、スミスの『道徳感情論』第六版（彼の生前最後の改訂版）は、実践道徳論であり、人間教育論として私たちは読み返す必要があるといえます。

教育とは、人間作りであり、国家造りであることを私たちは改めて肝に銘じなくてはならないでしょう。

そうそう忘れていました。スミスの教育の中での虚栄への措置ですが、こう考えてみましょう。若者は性急に結果を求め、さらに自らを他者よりも優位に置こうとします。私たちが第二部で扱ったように、若者が「理想的な完全性の規準」の、あるいは「通常の完全性の規準」の、どちらを目標とするのかを教育者は見極めてやりなさいということではないでしょうか。若者は自らがすでに規準に達したという。その規準が問題です。本当に真摯に彼が自らの目標――「理想的な完全性の規準」――に対して自分自身をその状況に到達した、獲得したというのであれば、それを否定するのではなく、少々のことには目を瞑り次の飛躍としての礎にしてやれと、スミスはいっているように私には聞こえます。若者の可能性は、彼自らの高慢＝自信によって培われます。そのように考えれば、スミスのいう「この欲求を奨励せよ」という言葉は、若者に対する、また未熟者――私も含めて――に対するエールとして受け取ることができるでしょう。さらに、スミスはそのような若者に惜しみなく手助けしてやれとも付け加えています。

高慢の方向性を適切にする、その役割が教育にあり、私たちの個々人の幸福と他者との共存理解の中で pride は相互のコミュニケーションツールとして肯定的に永続的に未来を築く可能性を秘めた能力として、発揮されるものとなるのです。

「家庭教育は自然の制度であり、公教育は、人間の工夫である。どちらがもっとも賢明なものであるらしいかは、確かに、いう必要がない。」（下、一一七頁）

「進歩に敵対的な教育制度は、従って人間によって作られたもののうちで不合理極まるもの邪悪さ極まるものである。」（『教育論・政府論』一九八三年、一〇四頁）

これまでの教育がいかに個人的富と地位の獲得のための知的能力に偏重した教育であったかを、また、その結果として、お互いを不幸にする教育であったかを反省するときがきているのは明白でしょう。

おわりに――「見えざる」社会を実現しよう――

「見えざる」社会は、決して私たちの目に見えない社会ではなくて、これから私たち一人一人が自らの目指すべき未来や幸福を想像して、いまだそれらは形にならない理想ではあったとしても、お互いに提示し合うことから始まると考えられます。私たちは相互に自らの立場を主張しあい、相手の言い分を聞き、相互に共感と理解を得られる幸福な社会的環境――民主原理・自由原理・市場原理――を模索しながら、積み上げ築かなければならないのです。そのための教育が当然必要ですし、そのためには相互の想像力と労力と時間が掛かるのも当然でしょう。まさに、先に述べた木彫り彫刻の作業や陶器製作のように土の塊から手探りで形を整えるアートな作業と似ています。

「事物の自然な経路」にしたがった時の流れの中で、別言すれば、地球環境という「自然」に与えられた方向性と制約の中で、個々人の人間本性の健全な養成＝人格形成――地球倫理を体感しながら――と個人の自由な発想とその交流環境が守られる中でこそ、「見えざる」理想とする幸福社会が実を結ぶということ、これこそ、スミスの「体系なき体系」の幸福思想の心髄であると思われます。

●引用文献

アダム・スミス『国富論』Ⅱ、大河内一男監訳、中公文庫、一九七八年
アダム・スミス『国富論』Ⅲ、大河内一男監訳、中公文庫、一九七八年
アダム・スミス『道徳感情論』下、水田洋訳、岩波文庫、二〇〇三年
ヴェーバー『プロテスタンティズムの倫理と資本主義の精神』大塚久雄訳、岩波文庫、一九八九年
ケネー『ケネー全集』第三巻、島津亮二・菱山泉訳、有斐閣、一九五二年

ジェームズ・ミル『教育論・政府論』小川晃一訳、岩波文庫、一九八三年
トマス・モア『ユートピア』澤田昭夫訳、中公文庫、一九七八年
ハンス・イムラー『経済学は自然をどうとらえてきたか』栗山純訳、農山漁村文化協会、一九九三年
ピコ・デラ・ミランドラ、Ⅵ「人間の尊厳についての演説」、『ルネサンスの人間論—原典翻訳集—』佐藤三夫編訳、有信堂高文社、一九八四年
ホッブズ『リヴァイアサン』㈠、水田洋訳、岩波文庫、一九九三年
マンデヴィル『蜂の寓話』泉谷治訳、法政大学出版局、一九八五年
ルター『キリスト者の自由・聖書への序言』石原謙訳、岩波文庫、一九五五年
ロック『市民政府論』鵜飼信成訳、岩波文庫、一九八三年
渡辺一夫責任編集『エラスムス　トマス・モア—世界の名著二二—』中央公論社、一九八〇年

索　引

■ア　行

■カ　行

■タ　行

■ナ　行

■ハ　行

■マ 行

■ヤ 行

■ラ 行

■ワ 行

■著者紹介■

伊藤　哲（いとう・さとし）

1959 年　鳥取県（米子市）生まれ
1986 年　関東学院大学大学院経済学研究科修士課程修了
1986 ～ 89 年　全国食糧事業協同組合連合会（全糧連）職員となる（業務部配属ならびに農林記者）
1989 年　グラスゴウ大学大学院人文系哲学科留学
1991 年　グラスゴウ大学大学院人文系哲学科 Dip. Pro. Phil. 取得
1993 年より関東学院大学経済学部非常勤講師となる
1998 年　関東学院大学大学院経済学研究科博士後期課程修了・博士（経済学）取得
現　在　関東学院大学・麗澤大学・フェリス女学院大学非常勤講師（経済思想、社会思想史、経済学史等担当）

〔主要著書〕

『知性の社会と経済』（共著）時潮社、1997 年
『歴史としての近代』（共著）八千代出版、1998 年
『アダム・スミスの自由経済倫理観』（単著）八千代出版、2000 年
『交通と文化の史的融合』（共著）八千代出版、2002 年
『ヒューマンネイチャーと社会』（単著）八千代出版、2005 年他

「見えざる」社会
——想像力の真価とアダム・スミス——

二〇一〇年 九 月三〇日第一版一刷発行
二〇一九年一二月一〇日第一版三刷発行

著　者－伊藤　哲
発行者－森口恵美子
発行所－八千代出版株式会社
〒一〇一－〇〇六一　東京都千代田区神田三崎町二－二－一三
TEL　〇三－三二六二－〇四二〇
FAX　〇三－三二三七－〇七二三
振　替　〇〇一九〇－四－一六八〇六〇

印刷所－㈱東西インテリジェントプランニング
製本所－グリーン

＊定価はカバーに表示してあります。
＊落丁・乱丁本はお取り替えいたします。

ISBN978-4-8429-1525-8